- 江苏省无锡市参与国家"一带一路"倡议教育合作培育项目"'一带一路'倡议教育合作"（2015-1）阶段性研究成果
- 江南大学国际教育学院来华留学与合作办学研究中心研究成果

国际学生招生中的高校与招生机构：合作与共赢

龚晓斌　杨春龄 ⊙ 著

苏州大学出版社
Soochow University Press

图书在版编目(CIP)数据

国际学生招生中的高校与招生机构：合作与共赢／龚晓斌，杨春龄著．—苏州：苏州大学出版社，2021.6
ISBN 978-7-5672-3555-7

Ⅰ.①国… Ⅱ.①龚…②杨… Ⅲ.①高等学校-留学生-招生-研究-世界 Ⅳ.①G648.9

中国版本图书馆 CIP 数据核字(2021)第 100737 号

Guoji Xuesheng Zhaosheng zhong de Gaoxiao yu Zhaosheng Jigou：Hezuo yu Gongying

书　　名：	国际学生招生中的高校与招生机构:合作与共赢
著　　者：	龚晓斌　杨春龄
责任编辑：	杨　华
装帧设计：	刘　俊
出 版 人：	盛惠良
出版发行：	苏州大学出版社(Soochow University Press)
社　　址：	苏州市十梓街1号　邮编：215006
印　　装：	广东虎彩云印刷有限公司
网　　址：	www.sudapress.com
邮　　箱：	sdcbs@suda.edu.cn
邮购热线：	0512-67480030
销售热线：	0512-67481020
网店地址：	https://szdxcbs.tmall.com/(天猫旗舰店)
开　　本：	890 mm×1 240 mm　1/32　印张：5　字数：101千
版　　次：	2021年6月第1版
印　　次：	2021年6月第1次印刷
书　　号：	ISBN 978-7-5672-3555-7
定　　价：	25.00元

凡购本社图书发现印装错误，请与本社联系调换。
服务热线：0512-67481020

前言
Preface

中国高校承担人才培养、科学研究、社会服务、文化传承创新和国际交流合作等功能。国际交流合作中的学生群体分为两类：走出去的学生和走进来的学生。前者指的是中国学生到国外高校进行留学或交流交换；后者指的是国际学生来华留学或交流交换，国际学生来华留学主要包括学历生教育（本科和研究生）及汉语学习。在高校国际化指标中，评价体系已经逐渐从单一的关注国际学生数量转变到对数量、层次和结构的综合考量。

各个高校从学科评估、专业建设、教育教学、校园文化、社区建设等多个角度出发，越来越重视国际学生的招收和培养，投入的人力、精力和财力也越来越多，呈现出稳定、有序、可期的发展态势。相对于发达国家的留学工作而言，我国的来华留学工作历史较短，经验不足，尽管在整体规模上达到了一定的水平，但在招生渠道、培养方式、学科促进、社区融入等方面还存在很多值得探讨和研究的问题。

本书讨论的重点是国际学生招生中高校和招生机构的合作问题。作为一线的招生管理者和工作人员，我们对于是否和招生机构合作、怎样和招生机构合作等方面还有很多疑惑,尽管在自我探索的过程中有些感性认识或直接经验,但缺乏系统观察的观点和视角。此外,高校国际学生招生队伍人员少,互相探讨的空间很小,再加上同行高校之间的竞争或与招生机构合作的隐秘性,使得高校与招生机构的合作话题要么讳莫如深,要么含糊其词,在很多情况下变成了边缘话题。与趋同管理和培养、全英文专业/课程建设、来华管理队伍建设等话题相比,高校与招生机构的合作就显得微不足道,甚至对于某些品牌高校而言,根本无法列入讨论话题之列。然而,就世界范围的高校而言,利用招生机构进行招生宣传、协助招生及办理招生手续等已经成为惯例,其运作机制比较成熟,高校与招生机构的契合度、配合度、和谐度等都已经过市场的检验,双方的合作比较稳定并具有持久性。在这个过程中,合作的双方实现了互赢和共同成长,高校的国际学生招生工作得以更顺利开展,招生机构也在政府和高校接纳的框架内获得盈利。这其中的经验和做法值得我们去研究和思考,思考我们如何更好、更理性地利用招生机构的优势来为高校服务,为高校的国际化服务,从而最终将其纳入高等教育国际化办学的有机组成部分。

高校的招生工作管理者不应满足于日常管理和招生工作,而应具备研究的潜质和探索的心态,秉持研究带动招生的理念,全方位扩展招生渠道,提升招生层次。这里的研究不是传统意义上的理论研究,而是着眼于解决实际工作问题的应用性和对策性研究,是完全的问题导向研究。在这个意义上,每位一线招生人员都可以成为研究者,都可以成为有见地的思想者。也许他们的视角不够宽泛,案例不够丰富,但是,只要他们大胆地进行尝试,从细微处着手,就可以解决工作中遇到的一个个困惑或障碍。如果每所高校都能解决一些本校存在的但又具有普遍意义的现实问题,那么,同行高校就可以互相借鉴,取长补短,这样就可以获得"他山之石,可以攻玉"的效果。当然,高校之间也可以联手来解决一些共性问题。例如,除了一些官方会议或协会举办的年会、研讨会之外,同类型的几所高校也可以组成范围较小的联盟,定期召开专题研讨会,每次只讨论一个问题,将问题谈深谈透,然后将对策和建议上报给相关主管部门研究,以便于下一步工作的顺利开展。

目前,不少国际教育学院都建有自己的研究中心,有的是国别研究,有的是政策研究,有的是培养模式研究,等等。但是,其中不少的研究中心只是一个壳子或框架,谁来牵头,谁来组织,谁来参与,等等,都是亟待解决的问题。国际教育学院的研究中心与其他专业学院的研究中心不同,后者的主要负责人是专业背景出身,因此会专心投入中心的建设和运行,因为中心的科研产出跟自身的考核、晋升等密切相关。国际教育学院的研究中心成立的初衷很好,但在运行过程中会遇到难题。例如,如果中心负责人的学术背景不是国际教育,那么,中心负责人投入的精力就很有限,而中心骨干成员的日常工作繁杂,他们也缺乏系统的研究训练,长此以往,研究中心就成了名存实亡的摆设。因此,主管部门或高校要积极扶持和支持国际教育学院研究中心的建设，在经费、考核、人员配备等方面给予优惠政策，因为国际教育学院不仅仅是一个学院，其招生和培养的各个环节都跟各专业学院密切相关，国际教育学院的研究工作是在帮助各个专业学院提升其国际化水平和国际化内涵。有些时候，有关专业学院也可以慷慨地在研究经费上予以充分支持，来解决本学院在国际学生招生和培养方面存在的专门问题，达到共建共谋的目的。

国际学生招生和培养牵涉方方面面的问题。本书研究的只是其中的一个看起来微不足道的困惑点，但是，我们希望这个小小的困惑点能够引起从事国际教育和国际学生招生的同行们的关心和关注，催生出更多的研究视角和研究成果，共同为我国的来华留学事业做出应有的努力和贡献。

龚晓斌　杨春龄
2021 年 5 月于江南大学

目录

第一章　引言　/ 1

第二章　中国高校与招生机构合作政策解读　/ 7

第三章　招生机构概念界定　/ 19

第四章　招生机构的角色和作用　/ 25

　　第一节　招生机构使用的普遍性　/ 27

　　第二节　招生机构：申请协助者　/ 29

　　第三节　招生机构：市场营销者　/ 32

　　第四节　招生机构：校外教育者　/ 34

　　第五节　招生机构：文化中间人　/ 36

第五章　对招生机构的质疑　/ 39

　　第一节　代理理论的主要假设　/ 41

　　第二节　高校与招生机构合作的风险　/ 42

　　第三节　高校与招生机构合作的核心争议　/ 43

　　第四节　高校在与招生机构合作中的弱势地位　/ 46

第六章 高校在与招生机构合作中的定位 / 49

第一节 一流高校与普通高校对招生机构的需求 / 51

第二节 普通高校的招生定位 / 52

第七章 招生机构的获益 / 57

第一节 招生机构的经济收益 / 59

第二节 招生机构的社会效益 / 66

第八章 高校对招生机构的期望值 / 69

第一节 学生数量 / 71

第二节 经济效益 / 75

第三节 生源质量 / 80

第四节 文化兼容 / 86

第九章 高校与招生机构合作的公开性 / 91

第一节 高校与招生机构的公开合作 / 93

第二节 高校与招生机构的不公开合作 / 95

第三节 招生机构与高校的公开合作 / 97

第四节 高校和招生机构合作信息的透明度 / 99

第十章 高校与招生机构的多语种网站建设 / 105

第一节 单语种网站 / 107

第二节 双语种网站 / 109

第三节 多语种网站 / 112

第十一章　招生机构与国际生源的多样性　/ 117

　　第一节　生源的简单性　/ 119

　　第二节　生源的多样性　/ 121

第十二章　招生机构压力下的高校招生队伍建设　/ 127

　　第一节　高校招生人员的效率　/ 129

　　第二节　高校招生人员的态度　/ 132

　　第三节　高校招生人员的职业素养　/ 135

第十三章　结束语　/ 139

参考文献　/ 143

第一章

引 言

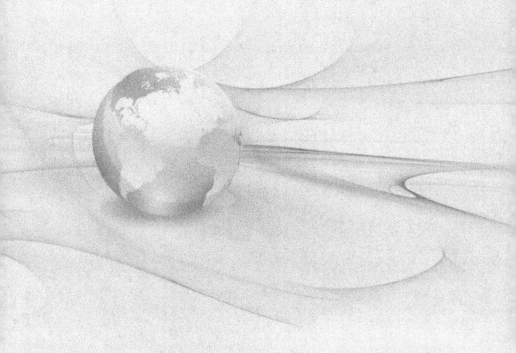

第一章 引言

在高校评价中，国际化水平越来越占据重要的地位，提高大学国际化水平是提升大学国际声誉的主要途径之一。大学国际化的评价指标包括国际学生比例、交换生比例、国际教师比例、国际期刊发表论文数量、国际合作平台数量等，其中，国际学生占比更是引人注目的核心指标。

关于国际学生在学校所有学生中的占比，目前国内外没有统一的评价标准。我们不妨以国际化都市标准作为参照。关于国际化都市常住外籍人口的比例，存在着5%、8%、15%、20%等几种不同的说法。也就是说，国际化都市中常住外籍人口比例最低为5%，理想的是20%。当然，常住外籍人口比例越高，越能反映该城市的国际化程度。以最低的5%计算，1000万人口的城市必须拥有50万常住外籍人口。如果按照理想的20%计算，1000万人口的城市必须拥有200万常住外籍人口。不管是按照最低标准还是理想标准计算，世界上能够满足国际化都市标准的城市数量少而又少，这说明众多城市的国际融合度还不是很高，国际化都市的发展还有很大空间。

如果按照国际化都市常住外籍人口参考标准同比执行，一所中等规模综合性大学的学生总数是30000人（包含本科生和硕博研究生）规模的话，那么，国际学生（学历生）的数量应该在1500～6000人。这个国际学生的数量或比例指标对于国内众多高校都是较大的挑战。在过去的若干年间，为了达到数量要求，各招生高校不遗余力地利用或出台各种政策，积极开展国际学生招生工作。近年来，国家提倡"提质增效"，在鼓励招收一定规模的国际学生的基础上，对生源、结构、层次等方面提出了较高的质量要求。因此，高校在国际学生招生工作方面面临的困难越来越多，压力也越来越大。

在这种背景下，高校为了在国际学生招生的数量和质量上都能满足国家的战略需求和高校自身发展的内驱，会开拓更多的招生渠道，包括加强与国外学校的对接、生源基地的建设、项目制招生、成建制招生等。由于高校招生队伍人员配备较为紧张，投入的专项招生经费有限，等等，高校就会与招生机构开展各种形式的合作，力求在国际学生招生的量和质两个方面都取得较为理想的效果。但是，由于招生机构的商业属性，高校和招生对象之间的客观空间距离，以及高校、招生机构与招生对象之间的信息不对称等一系列问题和不确定性，高校与招生机构的合作自然而然就会出现各种争议和质疑。这种长时间的争议和质疑在很大程度上已经影响了高校与招生机构合作的合法性、积极性、公开性，也影响了国家、高校、申请人对于国外招生机构进行深入、理性的探讨。这样不利于招生机构的健康有序发展，从长远角度看也会影响中国高等教育国际化的内涵式发展，因为不管是在发达国家还是在发展中国家，招生机构已经成为高校国际化工作的重要组成部分。不可否认，有些招生机构运作上不规范,功利性和逐利性过强,甚至会出现针对高校和申请人的欺诈、欺骗行为,从而破坏了高校的声誉,损害了申请人的权益。对这些招生机构,国家、主管部门和高校在政策、法规和协约等方面要加以管理和限制,对缺乏良好声誉的招生机构进行市场清理,整顿国际学生招生秩序,净化国际学生招生环境,理清国际学生招生关系,帮助各招生高校充分利用合规合法、品质优良的招生机构的平台和资源,招收合适的国际学生,帮助国际学生找到最匹配的就读学校,促进国家之间的文化交流,提升高校的国际化办学水平。因此,对招生机构要进行充分的研究和探讨,同时对高校内部的招生工作进行梳理,这样知己知彼,才能破解高校与招生机构之间的困惑和难题。

第二章

中国高校与招生机构合作政策解读

第二章　中国高校与招生机构合作政策解读

在招收国际学生方面，欧美高校及其他世界名校由于历史较为悠久，经验较为丰富，与招生机构的合作较为成熟，其规范性也较强，他们积极鼓励和支持与招生机构的合作，并在合作范围、合作方式、佣金比例等方面有明确的合同条款，以保证国际学生招生的合法有序。

中国高校，特别是内地高校，尽管也较早开始了国际学生的招生，但是，国际学生的数量非常有限，很多高校每年招生只有个位数，而且基本上是以政府奖学金公派的方式来华留学，学生通过和使馆及高校的直接对接联系，就能正常顺利地来到中国高校就读。随着中国高校大规模招收国际学生，且由于招生经验不足，因而催生出了大批针对中国国际学生招生市场的招生机构。为了争取更多的国际学生，有的高校和招生机构签订了委托招生协议，并给予充足的佣金回报。有的高校为了扩大招生规模而设立专项奖学金，把部分奖学金名额给招生机构用于招生，招生机构却向获得奖学金的申请人收取费用可观的服务费，这在一定程度上损害了高校设立奖学金的初衷。招生机构充分利用高校招生的迫切愿望和奖学金政策，获得了高额利润。在经济利益的驱动下，招生机构游走于各高校招生部门，以各种手段争取更多的奖学金名额。这一方面给无法坚守底线的高校相关人员留下了灰色甚至贪腐空间；另一方面也无法保证高校招收高质量的国际学生，鱼龙混杂现象经常发生，有些国际学生到校后给高校的管理留下了很多后遗症。此外，招生机构专注于奖学金生的招生，对于自费生的招生投入精力很少，甚至完全不感兴趣，这就导致了与之合作的高校的自费生比例达不到预期值，进而影响高校国际学生招生的良性循环，从根本上破坏了高校国际化进程的长远布局。以2020年新冠肺炎疫情阶段为例，且不论招收自费生了，就连各个高校的奖学金名额，招生机构都用不完，国内国际学生招生市场上招生机构的盈利空间可见一斑。高校和招生机构合作中的这些现象也印证了为什么国家有关部门要对高校和招生机构的某些招生行为进行控制和监管。

由于对国际学生规模的追求，国家主管部门和各招生高校对招生机构的介入没有给予太多关注，认为是市场行为，只要不是走得太偏太歪就行。例如，2017年教育部、外交部、公安部第42号令《学校招收和培养国际学生管理办法》（以下简称《办法》）对招生机构及招生机构相关的招生行为没有做任何规定性表述。

随着国家对国际学生招生和培养"提质增效"的呼声越来越高，对涉及国际学生的各项工作越来越规范，制度越来越健全，原有的模糊领域越来越明晰，漏洞填补的意识也越来越强。例如，就高校与招生机构的合作而言，2018年教育部颁发的《来华留学生高等教育质量规范（试行）》（教外〔2018〕

50号)(以下简称《规范》)明确规定:"高等学校的来华留学生招生录取工作应当严格遵守国家有关规定,不得委托任何外部机构或个人代理。高等学校在来华留学生招生信息提供和咨询中采用外部服务时,应当按照审慎、规范、公开、透明原则,严格依照国家有关规定或规范履行监管责任,维护教育秩序和来华留学生合法权益。"值得注意的是,这里对招生机构的表述涉及两层含义:第一层含义是"不得委托任何外部机构或个人代理",这是非常刚性的,也是高校与招生机构合作的底线。这里明确排除了高校将奖学金名额给招生机构以招收国际学生的操作空间,也排除了高校利用招生机构招收奖学金生的同时扩大自费生的期望。这个规定不仅是对高校放任招生工作的提醒和监督,更是对招生机构以往参与招生工作惯例的限制和约束。教育部的这个规定其实是将国际学生招生工作纳入高校的整体招生管理范畴,和国内本科生、研究生的招生一样,不允许有任何校外机构或个人参与招生工作,确保高校招生工作的严肃性和整体性,这也体现了国家对国际学生招生工作的重视,在一定程度上是将国际学生招生和培养纳入国家对外开放战略的有力举措。对招生机构表述涉及的第二层含义是"来华留学生招生信息提供和咨询中采用外部服务"。这里的"外部服务"提供方基本上指的就是招生机构。对于外部服务的接纳表明了国家在国际学生招生和教育国际化进程中的开放、包容的态度。只要是有利于教育开放战略和校园国际化的行为都提倡并给予支持，对于招生机构的使用就是本着取长补短的原则，追求最大程度的成本有效性，并与高校的招生工作相得益彰。但是，关于招生机构的第二层含义的前提是要尊重第一层含义，即招生机构不得涉及招生工作本身，而只能帮助高校从事招生宣传、信息提供、招生咨询等业务范围，不涉及直接的招生工作。这相当于给高校和招生机构的合作画了一个圆圈，明确限定了招生机构的功能。这一点也是目前绝大多数招生机构不愿意接受并尝试使用各种手段去突破的。招生机构自然而然的质疑（不管是公开的还是隐晦的）就是如果只是"招生信息提供和咨询"，那么，自己的收益来自哪里？这样的间接收益远比拿到奖学金招生名额获得的收益要少得多。至于招生机构信息提供和招生咨询，为高校吸引的国际学生人数更是无法验证，也就是说，按照人数收取佣金是不确定的。因此，经济效益驱动的招生机构表面上会和高校签订一份协议，表明只从事招生信息提供和咨询的业务范围，其中包括招收学生的佣金比例或学费分成。但在实际操作过程中，不少高校还是将各种奖学金名额分配给合作招生机构，最大限度地鼓励招生机构的积极性。这种合作其实是《规范》所不允许的。但是，不少高校为了国际学生规模和比例，在校内监管不力或者关注度较小等情形下，充分利用奖学金政策，通过招生机构来

第二章　中国高校与招生机构合作政策解读

展开和同行的竞争。其实这样做的危害性是多方面的：一是违反了国家的明文规定，主观意识上为招生机构开辟了盈利的灰色空间；二是高校的招生部门没有承担起应有的责任，为了省事、少麻烦，将招生工作特别是奖学金生的招生拱手让给招生机构进行操作，导致招生机构招收的国际学生质量良莠不齐，与奖学金设立的初衷相去甚远；三是为了获取更多的奖学金名额及相关资源，招生机构会通过商业手段接触高校招生人员，损害高校利益，满足个人私利，甚至触碰了法律的红线。因此，《规范》对于高校和招生机构合作虽没有排斥，但同时规定了明确的界限，不管是招生机构还是高校都不应逾越这些表述清晰的界限。

正因如此，在教育部国际司的指导和支持下，由中国教育国际交流协会对招收国际学生的高校开展的"来华留学生高等教育质量认证"明确将"无委托外部机构或个人进行代理招生的情况"列入为数不多的"必须符合项审查"，也就是通俗讲的一票否决项。这说明了教育部主管部门和认证部门对招生机构代理招生行为的坚决态度。质量认证将招生机构代理招生的行为彻底排除体现了质量认证的初衷：助力做强"留学中国"品牌，推动高校来华留学工作提质增效，为国际学生来华留学提供专业参考。也就是说，来华留学发展到现阶段，各方的关注点应该从规模转移到质量和效益上。质量和效益主要包含以下几个方面：国际学生的生源质量，包括教育背景、经济能力、人文情怀、遵纪守法、社会公德等；在读期间的综合表现，包括专业忠诚度、科研彰显度、与导师合作度等；对所在留学高校教学改革和课程改革的贡献度，包括主动与任课教师沟通来源国的教学模式、课程设置、教学方式、考核方式等，主动将学习和科研的经验与周围的同学沟通；主动参与社区活动，促进文化交流，塑造国际学生的良好形象，为构建具有国际氛围的社区做些力所能及的工作；若在留学国工作，就要在各行各业发挥所学专长，为当地的社会、经济、文化等领域努力工作，回报留学国曾经的投入和培养；如果回国，要主动承担起民间大使的工作，为所在国和留学国之间的友好交往竭尽所能，多做有益于双方长远发展的事情，实现留学的初衷。这也是从根本上解决国家和高校为什么要招收国际学生、招收什么样的国际学生、如何培养国际学生的几个根本性问题。

《办法》和《规范》是目前对国际学生招生、教学与日常管理的国家层面的政策性法规和规章，对各省、各高校及相关招生机构具有重要的指导和参考价值。《办法》要求："省、自治区、直辖市人民政府教育、外事、公安等部门，应当根据本办法，制定本省、自治区、直辖市的管理规定。"《规范》也要求："各地方各高校可在此文件基础上，制定本地本校层

第二章 中国高校与招生机构合作政策解读

面的配套规范,完善来华留学质量保障体系,以质量促发展,以规范促管理,实现来华留学教育工作健康可持续发展。"但是,各地对《办法》和《规范》的执行和配套解释不尽一致。

北京市教育委员会、人民政府外事办公室、公安局根据《办法》制定的《北京地区高等学校招收和培养国际学生管理办法》(2020),陕西省教育厅、人民政府外事办公室、公安厅根据《办法》制定的《陕西省学校招收和培养国际学生管理规定(试行)》(2019),以及湖南省教育厅、湖南省委外事工作委员会办公室、公安厅根据《办法》制定的《湖南省高等学校招收和培养国际学生管理办法》(2019)和《办法》一样,都没有关于高校和招生机构合作的规定性表述。

与北京市、陕西省、湖南省不同,江苏省教育厅、公安厅、人民政府外事办公室结合《办法》和《规范》制定的《江苏省高校招收和培养外国留学生管理办法》(2019)则补充强化了对招生机构和个人的限制:"高校不得委托或授权任何机构或个人代替学校开展录取工作。严禁通过奖学金牟利或委托中介机构从事奖学金招生工作。"江苏省是教育大省,也是来华留学大省,招收国际学生的高校众多,层次比较丰富,招收的国际学生数量达到了较大规模。按照2019年统计数据,江苏省国际学生占了全国的十分之一,因此,政府层面从规范管理的角度,针对来华留学市场隐含的问题和隐患,及时出台相关政策，确保来华留学工作健康有序发展，将江苏省从来华留学大省建设成为来华留学强省。江苏省明令禁止通过奖学金牟利或委托中介机构从事奖学金招生工作，这说明主管部门意识到了此类现象的存在，也意识到了有的高校在国际学生招收工作上存在不良竞争。

值得特别关注的是浙江省。由浙江省高等教育学会外国留学生管理专业委员会根据《办法》制定的《浙江省高校国际学生招收和培养的指导意见》（2017）对高校和招生机构的合作提出了非常细化的规定："高等学校应加强国际学生招生中介管理，不得委托或授权任何机构或个人代替学校招生。委托中介开展招生宣传工作的时候，需要签署表述严谨、职责明晰规范的书面合作协议（合同），加强对中介的监管，防范中介夸大、虚假宣传和不规范、未授权的有关活动，避免监管失控。严禁中介介入除招生推广及生源推荐以外的学校任何其他事务，如入学资格审查、学生录取、奖学金获得者评定等，学校承担留学生录取工作的完全责任。"这也是目前为止《办法》出台后最早的省级关于国际学生招收和培养的管理规定，对高校与招生机构合作的规定也是最为详细的。其中"需要签署表述严谨、职责明晰规范的书面合作协议（合同）"非常关键。一些高校和招生机构合作的书面合作协议有，但是比较简单，有的只有1—2页（澳大利亚蒙纳士大学与国内某家招生机构的合同有29页),非常粗线条。这些粗线条的合作协议将会给招生机构留下太多的灰色操作空间,从而最终损害高校和申请人的利益。

《规范》由教育部于2018年印发,而浙江省在2017年就在《浙江省高校国际学生招收和培养的指导意见》中对招生机构提出了指导性的意见,这说明浙江省在国际学生招生工作方面考虑得更为全面和细致,对来华留学工作的部分核心问题有前瞻性的视野。目前更多省份和高校也在考虑出台本省的关于国际学生招收和培养的规范性文件,在这过程中,可以参考比较成熟的做法,互相借鉴,取长补短,最大限度地将来华留学的主要问题和措施综合考虑进去,形成既有总览性和全局性的战略规划,又有具体的操作性、针对性较强的执行性对策,群策群力,将来华留学事业推上一个新的台阶。

需要注意的是,尽管《浙江省高校国际学生招收和培养的指导意见》对高校与招生机构的合作做了比较细致的表述,可反过来一推敲,似乎细致表述的背后反映了主管部门在很大程度上对高校国际学生招生工作中与招生机构合作防范较多,显得比较排斥。这种防范和排斥其实在《规范》和《江苏省高校招收和培养外国留学生管理办法》里都有体现,只不过不像浙江省在文件中表述得那么具体和明确。

对高校和招生机构的合作设定底线要求无可厚非,这样可以确保招生市场的有序和稳定。但是，对于尚未完全走上正轨的来华留学工作，也应该有明确的指导和引导，例如，明确如何最大限度地吸引招生机构合规合法地参与高校国际学生招生工作，如何将台面下的操作转化成为主管部门、高校、招生机构、申请人都能够接受的阳光操作。遗憾的是，目前中国的教育法规没有明确高校和招生机构合作招生的条款，也没有明确如何选择招生机构，以及如何和招生机构打交道的信息条款。（Soltangazina，2019：42—43）在国际学生招生市场整体规范尚未到位的背景下，需要各方认真审视高校与招生机构的合作，正视面临的问题，着眼于未来，建立政府、高校、招生机构和申请人互信互助的良好生态，共同为高校的国际化进程和人才的国际化培养做出应有的努力。

第三章

招生机构概念界定

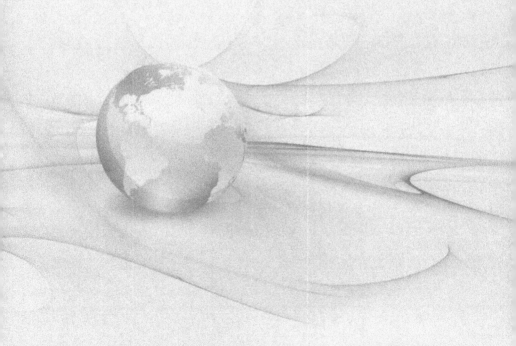

第三章 招生机构概念界定

关于和高校合作招生的机构,在各种场合有内涵相同但表述完全不同的名称,例如,中文有"出国留学服务中心""出国留学服务有限公司""教育咨询公司"等,英文则包括"Education International""Consultants""Education Consulting Co.""Advisory Centre for Education"等。不管表述如何不同,它们都有相应的上义词:"机构""中介""agent"。这里涉及几个方面的问题。

第一,绝大多数上述机构的正式名称中都没有出现"代理""中介"等字眼,而是显得比较专业、高端、上层次的词语,如"留学服务""教育""咨询"。这其中有三个方面的考虑:一是这些命名反映了招生机构在意某些带有历史和社会偏见的措辞,毕竟"代理""中介"给普通人的感觉就是"低端""掮客""骗子"等各种影射。二是规避某些政策表述,例如,如果有家招生机构明确命名叫"××招生代理",那它就自然而然落入《规范》"不得委托任何外部机构或个人代理"的"禁行区域"。三是这些机构也在尝试摆脱"商业气"和"金钱至上"的标签,给外部一种感觉,那就是在教育、信息提供等方面给予申请人以支持,把自己纳入大教育的范畴,希冀(不管是主动还是被动)成为教育事业和教育产业的重要元素。

第二,不管是中文的"出国留学服务中心""出国留学服务有限公司""教育咨询公司",还是英文的"Education International""Consultants""Education Consulting Co.""Advisory Centre for Education"等,它们的目的都是招生。因此,为了表述方便,我们将这些机构统一称为"招生机构"。招生机构分为两大类:国外招生机构和国内招生机构,其中国外招生机构又分为在国外的国外招生机构和在国内的国外招生机构两种。目前,中国高校在国际学生招生中与两大类的招生机构都有合作,当然与国外招生机构的合作更为普遍些。因此,本研究中的"招生机构"泛指上述两大类招生合作机构。就中国市场而言,两大类招生机构尽管在机构注册、监管部门等方面存在较多差异,但是有一点是相同的,那就是都会招聘一些海外华人或中国人担任机构的负责人或市场主管。这些人员没有语言障碍,熟悉中国市场及中国高校,与中国高校的招生部门交往频繁,成为中国高校在招收国际学生工作中经常要打交道的重要对象。

第三,大部分招生机构有两种职责:代理招生和提供咨询服务。但是,招生是招生机构的最主要职责,也是其实现商业目的的最主要手段。很少有招生机构只提供咨询而不涉及招生业务,因为前者收费较难,标准难以确定,盈利空间较为有限。其实,代理招生本身也会涉及很多的咨询服务,代理招生的打包费用就包含咨询服务费。也可以这样说,代理招生是主业,咨询服务是辅助业务。这里就出现了一个对比:中国语境下的《规范》里规定,高校招生工作不得委托任何招生机构代理,招生机构最多只能合规地提供信息和咨询服务。而在有些国家,使用招生机构代理招生是合法、公开的,在这些国家高校的官网上公布了所有代理招生的机构(例如澳洲国立大学等),有些高校甚至在招生手续办理规定里明确表达了对招生代理机构的优惠和倾斜(例如澳洲高校的 conditional coe,即有条件录取确认书)。然而,不管是在中国还是在国外,很少有高校给予招生代理机构直接录取学生的权力,最多只是授权组织申请、材料初审、签证办理协助等。因此,对代理招生和提供咨询服务两大功能的取舍也是中国高校和国外高校在国际学生招生工作中与招生代理机构的关系平衡的着力点。

第四章

招生机构的角色和作用

研究发现，出国留学的最大动因主要来自家庭、同伴和招生机构。(Pimpa, 2003: 180) 在留学之前，学生会面临五种选择：国外留学、留学国家、留学城市、留学专业、留学高校。(Pimpa, 2003: 181) "同伴对学生选择国外留学、留学国家、留学城市三个方面的影响大于对留学专业和留学高校的选择。相反，招生机构对学生选择留学专业和留学高校的影响要大于国外留学、留学国家、留学城市的选择。"(Pimpa, 2003: 189) 因此，招生机构的专业化程度要高于普通意义上的信息提供人。从这个意义上看，高校与招生机构的合作是值得的，因为招生机构对高校和专业的推荐也正是高校所希望的。如果我们从更为理性的视角看待招生机构，就会认识到招生机构其实也是高校和学生申请人之间的一座桥梁。

第一节 招生机构使用的普遍性

在有些国家，例如澳大利亚和英国，政府因削减公共投入而鼓励国际项目，因此，这些国家的大学就会利用招生机构来吸引大量国际学生。(Altbach & Knight, 2007)

"大多数澳大利亚大学会指定招生机构在生源国从事市场活动。很多招生机构采用'一站式商店'模式向学生提供全方位信息、咨询、申请、签证服务。这些招生机构给潜在的学生申请人提供若干国家高校和专业的建议，安排机票和住宿，提供教育展信息，帮助学生找兼职工作，等等，这种招生机构在国际市场非常盛行。"（Pimpa，2003：180）澳大利亚和新西兰自1996年开始使用招生机构，10年后，大约有47%的国际学生是通过招生机构进入所在学校的。（Robinson-Pant & Magyar，2018：228）

英国大约三分之一的国际学生是通过招生机构进入所在学校的。（Robinson-Pant & Magyar，2018：226）根据 *Times Higher Education*（2015）的一项调查，英国所有大学（158所），除了19所精英学校外，都证实通过招生机构招收非欧盟学生。（Soltangazina，2019：12）通过招生机构进入各高校的国际学生越来越多，也越来越丰富高校的生源结构，对各国高校的国际化和全球化起到了巨大的作用。因此，"要意识到招生机构是目前高等教育风景的一个重要元素"（Robinson-Pant & Magyar，2018：226）。

当然，不仅仅是英联邦国家，美国、欧洲、亚洲的其他众多高校也会积极利用招生机构寻求符合自己学校定位的各类生源。这个时候，招生机构就会成为各高校的合作伙伴，他们的优势也在各个方面凸显出来，从而弥补了高校在机构设置、资金投入、人员配备等方面的缺陷。当然，在合作过程中，招生机构的功能也从单一的盈利逐渐发展成商业、教育、文化、伦理等融为一体的多维度态势。

第二节　招生机构：申请协助者

招生机构的首要职责就是帮助申请者完成申请手续，那么申请人有哪些事项需要帮助呢？

缺乏高校申请程序知识和签证申请知识是中国学生申请就读美国高校时借助招生机构的最主要原因。（Hagedorn & Zhang, 2011）同样，在对尼泊尔学生调查时发现，"超过56%的学生缺乏高校申请程序的知识，47%的学生不知道如何申请签证"（Bista, 2017：101）。的确如此，对于完全不同的国情和教育体系，申请者对于具体操作程序和从未经历过的手续茫然不知所措也是正常的。有时候这跟申请者及其家长受教育程度没有直接关系，因为没有经历过的都是陌生的。为了提高申请的效率，有条件的申请人就会利用招生机构提供的服务，快捷方便地达到自己的目的，这也是让专业的人做专业的事的体现。例如，招生机构会为客户学生筛选高校和专业信息，从而避免申请人面对海量信息而迷茫。

招生机构有个最大的优势，那就是内容丰富的留学数据库，其中包括高校及专业/课程的详细情况，这要比申请人自己一个个网站浏览、查询更省时省力。有的招生机构还开发了申请匹配度软件，根据申请人上一个学习阶段的学校、成绩及英语成绩（例如托福/雅思）等预测申请的成功率。虽然这个成功率预测目前不一定很准确，但随着数据的不断增补，预测成功率也会越来越高。招生机构不仅仅在高校及专业的信息方面比较充分，同时在"递交申请、准备银行文件、签证面试材料、机票、接机、住宿"（Bista，2017：102）等众多方面都有丰富的经验。

这里需要特别指出的是，签证申请程序是留学成功的关键，对于首次出国或办理留学签证的申请人而言是个完全陌生的领域，具有神秘感，但更多的是恐惧感，这从很多的咨询或交互平台就可以看出。这里面涉及材料准备（包括基本信息、个人陈述、学习计划、财务担保、资金证明等）、体检、面签等。有的申请人独立向学校提交申请时非常自信，而且也的确没有遇到什么大的问题，但在后期申请签证时就会发现心里没底，于是中途再向学校申请由招生机构代为办理签证等后续程序。的确，"在申请签证时，招生机构提供的帮助是非常重要的"（Soltangazina，2019：33），特别是像签证申请比较复杂的国家，例如英国，这些国家的签证政策引起了很多混淆和误解。招生机构在签证办理方面的专业性得到了高校和学生的普遍认可。

根据英国洛翰普顿大学（Roehampton University）发展战略

计划，招生机构在申请人对于国外高等教育体系非常陌生的地区能更有效地运作，例如中国、巴基斯坦、尼日利亚等国。招生机构可以给学生提供必要的信息和帮助，同时可以提高合作高校的知名度。而在比较成熟的市场（如马来西亚、新加坡），招生机构的作用就不是那么明显。（Titovich，2017）此外，对于一些大市场中的偏远地区，招生机构的作用也是不可或缺的。例如，对来自中国的国际学生调查发现，对于那些地处偏远的学生来讲，招生机构是他们申请到美国高校的唯一机会。（Jiang，2015；Bista，2017）这种协助不仅是技术上的，更是精神层面的，也是对于教育公平的协助。在某种意义上，招生机构的这种帮助也是具有人类伦理意义的。

其实，我们还不应忽略另一个问题，即语言。留学目标国家不同的语言让很多申请人对于申请系统和签证系统望而却步。招生机构专门的工作人员有国外教育背景或语言优势，可以弥补申请人的语言缺陷或不足。在操作过程中，招生机构是"文化中间人"（Robinson-Pant & Magyar，2018：235），负责分析学生的真实面孔，消除学生和申请高校之间的语言和法律障碍。也就是说，招生机构帮助申请人解决的不仅是表面的语言问题，还有因语言问题而可能衍生的法律等问题，例如移民倾向、疾病史、犯罪记录等。

提到语言问题，我们又会发现使用招生机构的另一个好处,那就是很多申请人的语言成绩空白或达不到目标高校的要求,因此需要花费时间和精力去准备多轮的语言考试。而申请学生利用招生机构来确保获得国外大学的录取,同时可以集中精力准备入学考试或语言测试。(Coffey,2014;Jiang,2015)

因此,招生机构作为申请协助者的作用是多方面的,涉及申请、签证、机票、住宿、语言、法律等。当然,学生使用招生机构的好处还有其他方面,如"可以享受学校给招生机构的学费折扣(或免费住宿)"(Soltangazina,2019:33)。

第三节 招生机构:市场营销者

高校和招生机构功能互补是其合作的最大前提。高校更多是学术功能,招生机构在学术上比较被动,但他们在市场运作方面有优势。(Soltangazina,2019:13)

"教育的本质是一项复杂的触摸不到的服务,这个服务使得通过口口相传和个人促销进行的营销要比传统的媒体广告要有效得多。出于这个原因,使用招生机构和其他形式的直接个人推销对于成功的招生市场非常重要。"(Mazzarol,Soutar & Thein,2001:52)尽管关于高校声誉、排名、专业、特色等信息在学校网站上都可以看到,但是,学生在他们所在国与招生机构进行的面对面的交流,明显比他们上网查相关信息要更有效果。在某种意义上,招生机构属于劳动密集型产业,因为里面要设置不同岗位来应对申请人的各种需求:学校/专业顾问、文案、签证等,而只有保证足够数量的工作人员才能满足这些需求,才能实现面对面、一对一的服务。而现在的人力成本居高不下,这就为招生机构和高校既为合作者又是竞争者埋下了伏笔。

代理理论(Agency Theory)表明,招生机构在提供服务时一定会寻求自己的利益,并致力于将利益最大化。(Nikula & Kivisto, 2017)如果要实现所追求的商业利益,从根本上讲,就是要去做市场推广,去开辟新市场,从而赢得更多的客户(申请者),这一点是招生机构生存和发展的最大动因。因此,招生机构会做大量的前期调研工作来确定高校和目标市场的匹配度,然后关注高校的学术吸引力,细化目标市场的营销策略。一旦确定和高校合作,招生机构就成了高校在目标市场的代言人。这个时候,招生机构就会想方设法为学校做正面宣传。从高校角度来讲,"高校如果拥有离岸的教学或招生中心/办公室,或者和国外高校有战略联盟,就有可能获益。如果一所学校在国外市场有一个离岸存在(offshore presence),这将有助于提升学校的市场形象"(Mazzarol, Soutar & Thein, 2001:52)。如果高校没有财力去建立或维护自己的离岸教学或招生中心/办公室,国外招生机构正是这样最理想的"离岸存在"。当然,需要对使用国外招生机构和高校自己建立国外招生中心二者之间的财务平衡进行核算才能做出取舍。

第四节 招生机构:校外教育者

代理理论的核心就是代理在提供服务时追求的是经济效益和利润。招生机构的效益和利润主要直接来自高校的佣金和/或向学生收取的手续费/服务费。但是,招生机构与通常意义上的商品提供商不同,后者很多情形下是即时交易。与此相对照,招生机构提供的各种咨询和信息提供服务是一个持续进行的过程,并非一手交钱一手就能提供所需信息那么简单。

"国际教育服务中的复杂性和不可触摸性增强了使用专业化服务机构提供可靠信息的重要性。"(Pimpa,2003:180)这说明招生机构提供"可靠信息"是其专业化的标志和标准。这里的"可靠信息"除了指"申请国家和城市的气候和地理位置、目标学校情况、兼职、住宿和旅行安排"(Pimpa,2003:182)之外,招生机构还要"给申请人的个人陈述提供反馈意见,指出需要重点突出的部分。招生机构也会提供有关专业/课程的信息,以及可能需要的英语考试成绩等"(Robinson-Pant & Magyar,2018:235)等带有教育内涵的咨询服务。的确如此,招生机构的优势之一就是能够就目标专业和高校与申请人进行面对面的交流。因此,"招生机构的角色不仅仅是信息提供者,同时也是学生的顾问和参谋"(Pimpa,2003:181)。对大部分高中生而言,什么叫专业、什么叫专业课程、什么叫语言能力考试等学术性话题,他们不甚了解,家长和同伴也起不了多大作用,这时候训练有素的招生机构专门工作人员(其中包括机构中来自目标高校的回国人员)就会给申请人提供普及性和专业性的知识,在这个意义上,这些工作人员就是校外的教育者。特别是有些咨询顾问,他们没有直接收到佣金,因此并没有把自己看成是招生顾问,他们确实是从教育纬度给申请人提供建议和指导。也就是说,这时候的咨询不再完全是利润驱动的。因此,招生机构的咨询顾问不仅是在做一份职业,更是在做一份事业,而且是一份工作初衷里没有意识到的教育事业。

从这个意义上讲,教育管理部门、高校和社会监管部门不应将招生机构看作"洪水猛兽",而是要"意识到招生机构是目前高等教育风景的一个重要元素"(Robinson-Pant & Magyar,2018:226)。我们需要做的就是要将高校的发展和招生机构的发展结合起来考虑问题,让双方相得益彰。

第五节 招生机构：文化中间人

出国留学中"推-拉"（push-pull）模式中"拉"模式的主要组成部分包括"申请人所在国与目标留学国家之间的经济联系、目标留学国家是否有奖学金及所在国与目标留学国家之间的政治和文化联系"（Pimpa，2003：179）。其中文化联系有三种：第一种，文化联系已经存在，如英美之间。由于语言是文化的心脏，语言相通在某种程度上就代表着文化相通，因此，英国人到美国留学或反过来都是很自然的。还有像欧洲大陆，各国的文化在很多方面相通，留学的你来我往就很方便，没有任何的违和感。这一种文化联系也称为自然的文化联系。第二种，文化联系很弱，但是申请者对异文化非常感兴趣。到国外留学反映了一个人对这个国家的好奇和兴趣，而兴趣是最好的驱动力。这类人会主动去研究，主动去适应异文化中的各种不适。例如，中日语言差异很大，但是，一些年轻人对独特的日本文化情有独钟，因此内心会搭建一座中日之间文化的桥梁。这一种文化联系也称为心理上的文化联系或主动的文化联系。第三种，申请人由于经济原因或其他原因打算到目标国家留学，但对于目标国家的文化一无所知或知之甚少，然后通过某种途径不自觉地了解目标国家的文化。这一种文化联系称为被动的文化联系或不自觉的文化联系。我们所讨论的招生机构在建立目标国家和高校与申请学生之间的文化联系方面有着他们自己的独特优势。

以发展中国家的高校为例,这些高校"旨在吸引国际学生来改善生源质量和文化元素构成,获得知名度和收益"(Altbach & Knight, 2007: 292)。也就是说,这些高校除了希望吸引高质量生源之外,还期待多元的文化元素能够丰富校园文化,真正从深层促进学校的国际化。当然,每个文化都有其独特性,因此,目标国家和高校一方面希望有异国文化的引入,但同时也不希望异国文化和本土文化产生直接的冲突。防患于未然也许是最好的解决方案。例如,非洲国家的招生机构给学生提供目标国家的文化信息,让他们做好适应社会的准备。(Haugen, 2013)同样的情况也适用于招生机构招收的尼泊尔学生去美国高校。(Bista, 2017)

和国外高校相比,招生机构具有"特殊文化连接"(special cultural connections)和"本土语境知识"(local context knowledge)。(Soltangazina, 2019: 12)本土语境知识包括留学目的国的文化习俗、目的国的教育水平和教育质量,以及相关高校的专业及其特色,等等。招生机构由于其工作人员的跨文化组合,他们既熟悉所在国文化,也了解目标国文化,因此,很容易发现两个文化之间的共性和差异,就会有的放矢地为申请人排除文化隔阂和文化恐慌,同时也会主动帮助申请人从目标国的语境考虑问题,既是为了申请的成功率,也是为了申请人入学后更快更好地融入当地文化语境。

如上所述,招生机构不仅给申请人提供信息,指导填写签证申请表,反馈个人陈述,等等,"更为重要的是,招生机构会解释申请所需要的文档(申请表、个人陈述等)应该在一个不同的文化和语言语境中去解读。这时候招生机构的角色就是文化协调人(cultural mediators)和文化导师/辅导员(cultural mentors)"(Robinson-Pant & Magyar,2018:235)。因此,招生代理机构不仅仅是商业经纪人,也是熟谙本土市场倾向的文化中间人。

第五章

对招生机构的质疑

既然招生机构可以承担那么多的角色,那么,国家为什么要从宏观层面对招生机构进行那么多的监管和防范呢?这要从委托代理理论或代理理论(Agency Theory)说起。

第一节 代理理论的主要假设

代理理论(Jensen & Meckling, 1976; Ross, 1973)主要研究的委托代理关系是指一个行为主体根据契约,指定、雇佣另一些行为主体为其服务。前者是委托人,后者就是代理人。"有一个主要假设,那就是在授权后,委托人就可能遇到难以控制代理人行为的问题。这种假设背后的逻辑就是代理人的利益和目标有可能和委托人的不一样。"(Nikula & Kivisto, 2020: 213)例如,就高校和招生机构而言,高校认为与招生机构合作有利于自己,招生机构也认为与高校合作对自己有利,但是,双方的利益追求往往是不一样的。

的确如此,"赚钱是所有盈利产业国际化项目的主要出发点"(Altbach & Knight, 2007: 292)。例如,"尼泊尔的绝大多数咨询机构不是作为教育咨询中心在运作,而是典型的利润追逐体"(Bista, 2017: 96)。这里就会发现中国高校和招生机构的分歧所在,前者是非营利性机构,追求的不是赚钱,而后者是营利性机构,其出发点就是最大化地赢利。"招生机构的运作都是利润取向的,这就与客户高校的目标不相吻合,例如高校更多关注的是生源的质量。"(Nikula & Kivisto,2020:215)因此,在很大意义上,高校和招生机构的根本出发点是有天生矛盾性的,如何在两极出发点之间找到可以合作的第三极,需要双方长时间进行磨合,共生共存是必须面临的难题。

第二节 高校与招生机构合作的风险

招生机构作为"非直接出口方",代表的是"低平衡-低控制"(low equity-low control)的生源输出。(Nikula & Kivisto,2020:213)因此,在操作和操控过程中就会出现三种"利益损害"的情况:损害学生的利益,损害高校的利益(Nikula & Kivisto,2020),损害更广泛的国家利益(Nikula & Kivisto,2018)。其中,"损害学生利益的问题包括:误导信息,如非故意误导信息、故意误导信息;财务诈骗/不端行为,如未经允许双重收费、盗取申请人的钱款;有限的透明度,如不告知申请人代理条款;其他非职业化服务,如服务态度不友好、强迫、耽搁、个人信息泄露。损害高校利益的问题包括:散布不利于高校的信息;有限有效性,如推荐给高校的高质量生源数量少;操控申请程序,如伪造文档、代写个人陈述;其他主要不端行为,如提供虚假发票、未经授权签订转包合同、泄漏敏感信息"（Nikula & Kivisto，2020：214）。尼泊尔政府就曾对招生机构的欺骗行为（收取高额费用、提供虚假信息、伪造文件等）发出警告。（Bista，2017）对于利用收取佣金的招生机构进行招生的道德问题也有争议。"在中国和印度，赚取佣金的招生机构已经成为一个大生意，这些机构在发展中国家普遍存在。""有些情形下，招生机构既收取学生的费用又拿学校的佣金，这是一个值得质疑的道德问题。"（Altbach & Reisberg，2015：6）为此，"有些美国高校拒绝接受通过收取佣金的招生机构推荐的学生，因为其中的过程缺乏透明度而且涉及伦理问题"（Bista，2017：97）。至于损害高校所在国家的利益，暂时不加叙述。

第三节 高校与招生机构合作的核心争议

尽管高校和招生机构的合作给双方带来了经济收益，但是，社会上还是有个基本判断，高校学位绝不仅仅是商品，它远远超越经济收益层面。如果招生机构过分关注其收入和收益，则与高等教育的本质属性产生根本性冲突。或许这也是中国教育部明确要求中国高校"不得委托任何外部机构或个人代理"招生工作的出发点。

但是，不管是国外的高校还是国内的高校，都已经从传统意义上以教学科研为中心的学术定位逐步发展成为现在融人才培养、科学研究、社会服务、文化传承创新和国际交流合作于一体的综合体,做大做强是众多高校的目标,特别是对那些发展中国家的高校及地位、名气相对普通的高校,其发展和生存的压力,一点不亚于真实市场体系中的竞争。打破"象牙塔"的传统思维,利用国际化的趋势和态势,走出一条符合自己校情的道路显得无可厚非。同质化竞争不利于中等和弱小的高校,也不利于打破高等教育中某些惯性思维。一些发达国家,如英国、加拿大、美国、澳大利亚等,都不同程度制定了有关教育国际化的战略和方案,其目的就是要在日趋激烈的全球教育市场竞争中占据有利地位。这些国家确实在高校的国际化、国际学生的招生、国际资源的使用等诸多方面成绩斐然。近年来,中国高等教育的国际化进程在加快,也取得了令人瞩目的成绩,已经从国际高等教育的消费者发展成为具有较大潜力的提供商,这说明中国等发展中国家也正在努力,以更开放的姿态参与国际教育的市场竞争。在这个意义上,不仅仅是微观的学位、专业、课程等成为国际教育市场的产品或商品,甚至高校本身就是一个商品。成为国际上流通的、具有较强竞争力的商品,就是各个高校需要着力考虑的焦点。更进一步,整个发展中国家的高等教育成为国际教育市场的重要组成部分也是衡量一个国家软实力和未来发展潜力的重要指标。既然发达国家以市场的角度来经营和运作国际教育市场，那么，发展中国家更要迎头赶上，以市场对市场，以商品对商品，而不是后知后觉地以学术对市场，那样会在国际教育市场上越来越被动。先机已失，未来不可丢。

此外，前面普遍判断中的学位与商品之争也已成为过去。从传统意义上来看，学位的学术含量较高，但随着时代的发展，学位也已从纯学术发展为学术与应用并举的格局。以硕士和博士为例，以前只有学术型硕士和博士，但现在发展成包含工程硕士、工商管理硕士、农业推广硕士、翻译硕士、工程博士等涵盖各个学科的专业学位。国外的硕士学位也早就有了两种类型：研究型和授课型。这些高校学位形式和定位上的转变反映了高校不仅仅是象牙塔式地运作，而且也要成为面向社会、面向市场的教育混合体。学位和商品不再是两极，我们不能再从二维的视角去绝对地看待它们，而应放到更宏大的视野和国际化的语境中看待二者的差异和共性。

如上文所述，招生机构已经成为高等教育国际化的重要组成部分，因此不能先入为主地对招生机构带有偏见，而应充分了解招生机构的运作机制，学习发达国家利用招生机构的优点和经验，为中国高校所用，为中国的高等教育国际化所用。

第四节 高校在与招生机构合作中的弱势地位

对招生机构质疑的另一个因素,那就是高校在与招生机构合作中的地位。从高校的角度看,如果自己有充足的财力、人力和声望,就不用担心国际学生的招生。迫切与招生机构合作的高校大多面临国际生源不足、招生资源有限等问题,因此,从一开始就决定了这些高校处于一个"求人"的尴尬地位。招生数量是唯一的目标,完成了量化指标,就等于完成了所有任务。在这种情况下,高校就抱着结果好比其他什么都好的心态,展开与招生机构本应该非常严谨但操作起来非常松散的合作,久而久之就失去了对招生机构的管理和控制。因此,归根结底,那就是"高校和招生机构签署合同主要是因为前期没有针对性投入但又想增加市场份额,因此相关的风险都是由于高校控制招生机构行为的能力有限而导致的"(Nikula & Kivisto,2020:213)。由此可见,很多高校对国际招生部门的投入不足,甚至是严重不足。为此,中国教育国际交流协会开展的"来华留学生高等教育质量认证"明确将"学校设有来华留学生招生经费,能保证招生宣传工作正常开展"列入指标体系,督促和鼓励高校加大招生投入,包括日常经费、招展经费、国外运营中心经费等。有投入才会有产出,"又要马儿

第五章 对招生机构的质疑

跑,又要马儿不吃草"的模式不适合国际学生招生工作,高校要认识到这一点,才能对国际学生招生甚而整个学校的国际化有更多和更高的期望。

此外,在市场操作方面,招生机构要比高校更能长袖善舞,其市场机制和市场敏感度要远胜过高校。对于高校想要进入的新区域、新市场,招生机构有着高校缺乏的拓展路径。一般来说,高校面对不成熟的市场,就要依靠招生机构的支持。在开辟新市场方面,也许花费的时间和精力更多,因此,招生机构的期望值就更高,在佣金和其他激励性政策方面就会索取更多。市场竞争中就看谁的需求欲望大,而需求欲望和付费价格是成正比的。

高校和招生机构合作的另一尴尬就是,高校是一个庞大的组织,其形象是政府的、公众的,一旦出现群发性事件,那必然引起较大层面的反响和负面效应,而消除这种反响和效应不仅仅是经济方面的,更会涉及社会评价,就会对高校的发展产生较为不利的、长远的影响。招生机构大多是中小型的,很多是私人机构,涉及法律纠纷时,往往就会自我缩略为弱小群体,其补偿措施对高校受到的损害无济于事。这些招生机构在遭遇信用危机后大不了关了门以后重新改头换面,很快又会有新的客户市场。但是,高校是不动产型组织,其存在是静态的,受到的损害即使不扩散,也将会持续很长时间。在这种情况下，高校虽大，却也很弱。

高校在国际化进程中和招生机构的合作磨合是一个长期的过程。高校一方面资金不足，另一方面又要加快国际化，因此不得不借助于招生机构的优势，来弥补自己的不足。在这个过程中，高校应该面对不足，取长补短，从与招生机构的下位合作逐渐转化为中位（平等）合作，当高校有足够能力时，就可以在国际学生招生中逐渐减少招生机构的参与，甚至最终摆脱招生机构。因此，高校可以尝试以一个招生机构和一个市场为合作起点，摸清招生市场规律，培养专门市场人才，为今后更多的市场开拓和运行积累经验。

第六章

高校在与招生机构合作中的定位

第六章 高校在与招生机构合作中的定位

既然招生机构在高校的国际化进程中起着非常重要的作用，那么，高校就应该主动迎上去，同时保持合理的合作距离，这样扬长避短，迎头赶上，才是实现高校国际化战略应有的态度。

第一节 一流高校与普通高校对招生机构的需求

不同高校的地位、排名、专业、特色不尽相同，因此，和招生机构合作的初始定位就会不同。

一流高校不需要和招生机构合作，其名声、财力和资源足够支撑国际学生的招生，不需要通过外部机构来协助。这类学校如英国的19所精英学校。（Soltangazina，2019：12）由于申请人众多，高校招生部门选择的余地很大，选择优质生源有先天优势，属于国际学生市场的买方市场。此外，申请一流高校的学生在各方面能力都较强，在程序办理、语言能力等方面都是佼佼者，对申请充满信心，甚至在某种程度上还不信任招生机构的申请能力。有的名牌高校甚至明确在网站上说明不会招收通过招生机构申请的学生。这些高校认为，如果连申请都要依靠招生机构，那么申请人的能力水平就没有达到他们学校的基本要求。

那些要依靠招生机构的高校大多数是非精英（non-elite）高校。（Huang, Raimo, & Humfrey, 2016）对这些非精英学校而言，其名声和财力不足以吸引足够多的国际学生，但是，为了高校的国际化、多元化及国家战略等，他们就会和各种招生机构进行合作。

第二节 普通高校的招生定位

和一流高校不同，普通高校有的只有一个或几个一流学科，有的高校甚至一个都没有，但也许有自己的特色学科。因此，普通高校如何在国际学生招生方面有所为有所不为就应该成为高校国际化战略的重要关注点。

1. 主要市场

由于各个高校的学科特色不同，专业优势各异，因此与高校匹配的主要国际生源市场就会不同。针对主要学科和专业的市场定位对高校和招生机构来说都是至关重要的。例如，如果一所高校的优势学科是食品，那么其市场定位应该主要是对食品或农业作为重点关注领域的国家和学生群体，如南亚国家、东南亚国家、中亚国家和非洲国家，包括巴基斯坦、孟加拉国、泰国、哈萨克斯坦、吉尔吉斯斯坦、加纳、利比里亚等。由于食品或农业产品的短缺，这些国家对食品科学研究有普遍需求，留学生回国后可以将所学的知识应用到国家发展当中。

第六章 高校在与招生机构合作中的定位

这种留学就是集体针对性的,是值得双方国家去努力支持和培养的。对于大规模的针对性招生,招生机构的途径更为畅通。招生机构可以针对目标高校和目标专业,进行集中宣传和宣讲,实现专业性和规模化的有机结合。高校也可和招生机构合作,利用海外招宣的机会,去具有生源潜力的中学或大学宣讲,更详细地将第一手的高校和专业情况展示给申请人,并可以就申请人关注的问题进行现场解答。这里需要注意的是,海外招宣团队的组成一定要包含专业学院中外语较好的教师,他们要比普通的招生人员更加专业,更有说服力和吸引力,同时不是以纯招生的面孔和姿态出现,这样才能拉近高校和学生的感情,师生交流的有效性才会远远大于非专业的招生人员。因此,对于中国高校而言,海外招宣也要突破传统的派出方式,团队成员组成要有互补性,要有专业性和职业化的要求。

当然,高校和海外中学的直接接触也许会成为招生机构的担忧,因为这将威胁招生机构的中间角色。因此,一旦招生机构邀请或同意高校参加海外见面会或推介会,这说明双方已经有了很好的合作基础,招生机构是带着诚意、希望与高校进行长期合作的。此时,高校应当在相当长的时间以君子对君子之态,回报招生机构的善意,维护原来的运作模式,而不应过河拆桥。高校和招生机构在经过一定时期的合作后,就可以判断哪些招生机构值得完全信赖,而招生机构基于高校在某一地区或国家庞大的生源潜力，也应消除高校的惯性顾虑，努力营建互信的合作模式。高校和招生机构的"高度信任对双方都是机会，可以灵活操作以应对市场需求"（Soltangazina，2019：35）。

由于针对性的主要市场生源数量较多，而且申请相对集中，批量处理效果好，符合高校生源质量要求的选择性较大，对招生机构而言难度较小而且整体收益较大，高校在与招生机构商谈佣金时可以处于更主动的地位，可以趋向低佣金比例。招生机构也会意识到不仅仅是一家机构在做这个高校的主要市场，因此不会太刚性地坚持原先预设的价码。招生机构之间越是有竞争，才越会对高校有利。这里的主要市场是因为高校的优势学科和专业而定位的，因此，谈判的砝码更多的是在高校一方。

2. 拓展性市场

高校国际学生的主要市场不可能很多，但是，高校的学科专业数量要远远大于其主要的市场领域，一所高校的国际化不可能仅仅依靠几个优势学科专业或主要市场来实现，而应该关注每一个有潜力的生源市场。对那些不是优势学科专业但有特色的学科专业，高校也可以尝试开辟新市场。这些新市场不一定仅仅局限于几个地区或国家，而是可以把生源网撒得更开点儿，也就是布局更广，积少成多，这样才可能招到一定规模的学生。例如，有些高校商学院的工商管理和国际贸易专业由于课程难度不是那么高，适配性强，应用范围广，因此感兴趣的学生众多，分布的国家较广。此时，高校由于招生资源有限，触角不够广，就可以借用招生机构的市场挖掘优势，由招生机构代为宣传推广。对于新市场的拓展，建议高校寻找规模大、经验丰富、市场形象好的大品牌招生机构。这些大品牌招生机构可以代表多所高校的多个专业开展广告整合推广活动。对很多国家的学生来说，他们可能不太熟悉或者事先根本不太知晓某个高校特定的专业。前文讲过，"同伴对学生选择国外留学、留学国家、留学城市三个方面的影响大于对留学专业和留学高校的选择。相反，招生机构对学生选择留学专业和留学高校的影响要大于国外留学、留学国家、留学城市的选择"（Pimpa，2003：189）。这里招生机构对学生选择留学专业和留学高校的影响主要是指对主动上门咨询的学生的影响。而在一个陌生的市场或者待开发的市场，留学国家和留学城市的认知度和接受度也是至关重要的。因此，招生机构可以利用自己对本土文化和所在国人心理了解的优势，先从推介国家，特别是高校所在城市的角度出发，帮助潜在生源了解目标国家和城市，喜欢上目标国家和城市，这样逐步将学生的注意力引向目标高校。在这个方面，高校应当利用自己对所处城市的熟悉程度推出符合目标生源期待值的宣传产品,在制作过程中要主动和招生机构策划商量,要有的放矢,不能自娱自乐。这个时候,高校不要太功利,不要急于宣传自己的学校和学校的相关"产品",而应该当好所在城市的宣传大使。所有这些做法的目的就是要让目标学生"爱屋及乌":爱上一座城市,爱上一所学校。

由于新市场或拓展性市场的难度较大,招生机构的投入也会更多,因此,高校在面对招生机构佣金要求时可以换位思考,在佣金区间上适当倾向性地予以照顾,鼓励招生机构在拓展市场上有更多的积极性。等到拓展市场逐步扩大,实现主要市场或近似主要市场的市场份额后考虑综合因素,再协商佣金比例。就拓展市场方面和招生机构合作时,高校处于相对被动的地位。

第七章

招生机构的获益

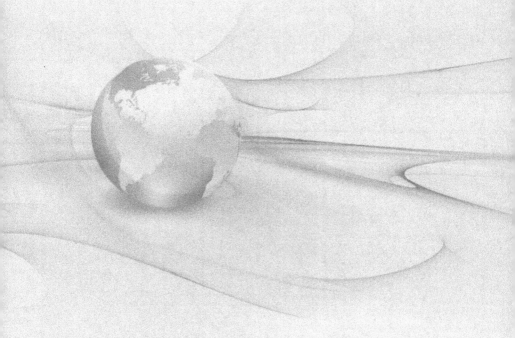

前面说过，招生机构和高校合作的出发点就是最大化地获取利润，"招生机构的运作都是利润取向的"（Nikula & Kivisto, 2020: 215），这一点毋庸置疑。那么，高校和招生机构在合作的初期就必须尊重这一出发点，要接纳这一出发点，不要去排斥，因为这是招生机构的本质属性。同时，高校也要想方设法帮助招生机构通过合法、合理途径去获得期望中的最大化收益，这样双方的合作才能长久，也才有更大的合作空间。在这一点上，高校领导和负责国际学生招生的管理者要有市场意识，要有市场运作的意识和思维，这样才会更理性、更客观地去看待招生机构，也才会在具体操作时更好地理解招生机构的诉求和协议条款。高校也只有在深入了解招生机构的出发点和生存法则后，才能有针对性地提出合作的底线、合作的优惠政策等。高校不应被动地去应对招生机构的各种诉求，而应在遵守法律法规的前提下主动搭建合作框架，积极创造合作条件，要意识到招生机构在满足自身盈利的基础上也会从经济伦理的角度为委托方即高校提供最大化的服务。高校和招生机构应该在最大化利益和最大化服务之间取得平衡点。

第一节　招生机构的经济收益

招生机构作为高校和申请人之间的中介，提供各种信息和咨询服务，协助办理各种手续，理应收取合理费用。招生机构收取费用的方式有以下几种。

1. 收取佣金

根据合作协议，高校给予招生机构一定比例的佣金。佣金的来源就是高校收取的学费。在很多国家，例如澳大利亚、英国、加拿大、美国，高校通过收取学生高额学费来获得盈利。（Altbach & Knight，2007：292）仅以英国和澳大利亚6所高校2019学年度的学费为例：谢菲尔德大学21000英镑，巴斯大学22000英镑，澳洲国立大学43000澳元，新南威尔士大学43200澳元，蒙纳士大学41400澳元，西澳大学38300澳元。按1澳元∶4.5元人民币、1英镑∶8.7元人民币计算，人民币学费分别是：谢菲尔德大学182700元，巴斯大学191400元，澳洲国立大学193500元，新南威尔士大学194400元，蒙纳士大学186300元，西澳大学172350元，6所高校的平均学费为186775元/年。英国政府建议招生机构一般收取2.5%～15%的佣金。那么，招生机构收取佣金的费用范围在4669～28016元。如果一家招生机构给一所高校招录100名学生，那么这家机构收取的佣金就是466900～2801600元。对于招生机构而言，这是一笔不菲的佣金，因为学费基数较大。中国有的招生机构，例如"一起留学网"，就单纯采用收取佣金的方式来为申请人提供服务。

2. 收取佣金和服务费

如果高校的收费都像欧美高校那样，有的招生机构自然不会再考虑收取学校或申请人另外的费用。但是有的国家，例如发展中国家，他们收取学生的学费较低，这时候纯佣金的操作就会出现问题。例如，中国高校收取留学生的学费较低，以本科为例，平均下来每年也只有15000～25000元，按照平均数20000元计算，大约相当于前面6所高校平均学费的10.7%。那么，招生机构从中国高校收取的佣金也就是从英美高校收取的佣金的10%左右。中国高校不可能提供更高比例的佣金，因为本身收取的学费已经很低，甚至不能覆盖办学成本。这里需要注意的是，即使发展中国家的人均学费较低，但由于庞大的生源数量，如果招生机构业务做得好的话，完全可以用数量来弥补学费偏低的缺额。"在中国和印度，赚取佣金的招生机构已经成为一个大生意，这些机构在发展中国家普遍存在。"（Altbach & Reisberg, 2015：6）可是，招生机构的商业本质决定了其追求利益和利润最大化。即使通过招生数量获得了较为客观的佣金，但招生机构还是会想方设法收取额外费用。然而，"招生机构既收取学生的费用又拿学校的佣金，这是一个值得质疑的道德问题"（Altbach & Reisberg, 2015：6）。在这方面,如何限制招生机构收取学生额外费用是个争议且具有挑战性的话题。或许在高佣金背景下收取学生费用是个道德或伦理问题,但是,在低佣金语境下收取学生服务费时,道德或伦理的理解和认知也发生了偏离。

3. 收取服务费

如上所述,发展中国家高校对国际学生收取的学费偏低,仅仅依靠学费佣金满足不了招生机构基本的利益诉求,因而导致双方失去合作的基础。因此,对这类高校而言,既要遵守国家的法律法规,又要确保高校的基本利益不受损害,还要满足招生机构的基本赢利需求,就不得不在学费以外的领域尽可能地进行合作。(Altbach & Knight, 2007:292)

奖学金招生是一个敏感的问题。在这个问题上,2017年教育部、外交部、公安部第42号令《学校招收和培养国际学生管理办法》,2018年教育部第50号文《来华留学生高等教育质量规范(试行)》,以及《北京地区高等学校招收和培养国际学生管理办法》(2020)、《陕西省学校招收和培养国际学生管理规定(试行)》(2019)、《湖南省高等学校招收和培养国际学生管理办法》(2019)和表述详细的《浙江省高校国际学生招收和培养的指导意见》(2017)都没有针对奖学金的限制性表述,只有留学生人数名列前茅的江苏省制定的《江苏省高校招收和培养外国留学生管理办法》（2019）中明确规定："严禁通过奖学金牟利或委托中介机构从事奖学金招生工作。"这个规定有两个方面："严禁通过奖学金牟利"和"严禁委托中介机构从事奖学金招生工作"。对"严禁通过奖学金牟利"，应该没有争议，不会有高校通过奖学金牟利。

但是，对于"严禁委托中介机构从事奖学金招生工作"，需要进行较为全面的分析。江苏省关于奖学金的表述比较笼统，覆盖面过广，没有考虑奖学金的复杂性。奖学金主要分为三类：政府奖学金（包括中国政府奖学金、省级政府奖学金等）、学校奖学金和企业奖学金。对于政府奖学金，高校委托招生机构从事奖学金招生工作确实不太合适，毕竟政府奖学金是政府管理和下达的奖学金，政府奖学金的操作只能限于高校内部进行（国际教育学院和专业学院）。对于高校自设的奖学金项目，高校应该有权委托招生机构去进行筛选和推荐，但是，奖学金的录取名单最终决定权不在招生机构，而仍在高校的国际学生招生部门。也就是说，招生机构只具有筛选、推荐权，而且不是等额推荐，一定要有相当比例的推荐范围，这样才可以控制和限制招生机构的暗中操作、过度收费，并保证高校得到质量较高的奖学金生源。至于企业奖学金，使用上应该比较灵活，只要企业方没有明确禁止，高校也可按照高校奖学金一样，委托招生机构进行宣传、筛选和推荐。其实绝大部分企业奖学金自从设立后,就已经成为高校奖学金的组成部分了。关于招生机构通过为学校宣传、筛选、推荐学校奖学金和企业奖学金所收取的服务费及其中的牟利应该是正常的,而不是通过不正当途径的牟利。当然,招生机构收取的服务费和相关费用要合理,要经得起市场监管部门的监督和检查。

高校委托招生机构进行奖学金学生的筛选和推荐,主要出于两个目的。第一,高校利用招生机构对申请学生进行筛选和过滤,这可以节省高校很多时间和精力。高校可以通过招生机构从为数众多的奖学金申请者中筛选出一定比例的、符合录取标准的候选者,这也正好符合高校招生的期望。第二个目的也是最主要的,那就是自费生的招生。高校不可能无缘无故地把奖学金资源交给招生机构,除了省时省力外,更多是要求招生机构配比招收自费生,否则没有理由把这么好的蛋糕留给招生机构。招生机构利用自己的资源给高校推荐符合标准的自费生。当然,招生机构对这部分自费生可以收取服务费,但考虑学校奖学金招生给招生机构带来的客观获利,招生机构应该从商业道德的角度酌情减少服务费的收取,否则对这些自费生会产生道义上的不公平。在这个问题上,有经验的高校会调整招生机构的行为来避免其欺诈性的非道德行为(fraud unethical actions)。(Huang, Raimo, & Humfrey, 2016)例如,由于高校已经将奖学金的优质资源提供给招生机构,而且客观上帮助招生机构获得了合理、客观的效益，因此，高校可以提出不再给予常规合作层面的佣金政策，这样对高校也是公平的，不然招生机构既利用了奖学金，又收取服务费，还要收取佣金，那真的要成为管理部门监管和排斥的对象了。当然，高校也可以针对这些自费生，采取"学费折扣（或免费住宿）"（Soltangazina，2019：33）的方式作为对于自费生通过招生机构申请的激励措施（这也是基于高校、招生机构互信合作的长远考虑）。让招生机构参与奖学金生的筛选和推荐，同时配以自费生的推荐指标，加上服务费的合理收取，对高校、招生机构、奖学金生、自费生都是有益的，没有损害任何一方的利益，因此可以说，奖学金生的招生可以在一定的合作框架下进行。在这个框架下，高校奖学金或企业奖学金可以按照"谁主办，谁负责"的原则进行灵活操作，与招生机构共同利用高校的优质资源和"优惠政策"（welcoming policy）（Soltangazina，2019：33），促进国际学生量和质的同步发展。

在奖学金政策的使用方面，高校要积极与教育主管部门汇报沟通，探索积极可行的方案，而不应暗中和招生机构进行不符合规范的操作。教育主管部门也可以到高校进行充分调研，听取高校的合理化建议，完善奖学金的管理法规，试行分类管理，避免"一刀切"，从而正面引导合理合规的奖学金使用规则，将奖学金政策和名额使用放在阳光下运作，这从长远角度看也是对申请人的真正负责。

第二节 招生机构的社会效益

招生机构在与高校的合作中除了获得最大化的经济收益之外,还因为与政府和高校的合作,自身的声誉和市场知名度也逐渐得到了提升。

1. 社会形象的提升

招生机构是"高等教育风景的一个重要元素"(Robinson-Pant & Magyar, 2018: 226)。在英国,英国文化教育协会(British Council)虽然不会对任何招生机构做出评价,但是,他们会将参加过协会培训的招生机构名单公布出来。一旦招生机构上了英国文化教育协会的名单,也就意味着这些机构得到了官方或半官方的认可。在官方平台上得到认可,这是最好的品牌广告。在这个意义上,招生机构在某种程度上是代表国家在执行某种任务,发挥某种职能,其社会形象不仅仅是商业的,更是教育的、文化的、外交的。

对招生机构而言,高校是高等教育的承担者和执行者,具有广泛的社会影响力,能够从高校挑剔的选择中脱颖而出的招生机构代表了一定的品牌和品质。有的高校将其合作招生机构放在学校官网上，体现了这些高校对招生机构的认可和鼓励（高校网站上对招生机构的信息公开将在下文中表述）。在与高校的合作中，招生机构大大提升了自己的社会形象，这是招生机构与高校合作的无形收益，这种无形收益对于招生机构的长远发展是无法用金钱来衡量的。因此，具有战略眼光和长远视角的招生机构甚至可以考虑与高校的前期合作中不必太多地关注纯经济效益，而应关注社会口碑、高校认可度，这样的招生机构才值得高校去考虑战略互信合作。"放长线钓大鱼"，才能反映招生机构的总体格局和战略智慧。

2. 市场知名度的提升

招生机构最关注的是盈利，因此与之最为密切的就是市场。在市场上出售的就是产品，高等教育市场上的产品层次不一，质量优劣各异，招生机构代理的是什么产品，就决定了其市场知名度。这里的知名度有两种内涵：一个是量，一个是质。招生机构可以代理一流的高校、普通的高校，也可代理层次比较低的高校。不管代理哪个层次的高校，只要策略到位，都可以帮助高校招收到足够数量的国际学生，久而久之就会在各个层次市场有一定的知名度。这里的知名度来自数量。第二种知名度来自质量。如果招生机构代理的都是一流高校或特色高校，那么其推荐的生源质量较高，招生机构自然而然在业界也就有了知名度。但不管怎么样，无论是量带来的知名度还是质促发的知名度，招生机构永远离不开招生的母体：高校。招生机构帮助层次较低的高校找到足够的学生，除了招生机构自身的努力之外，他们更主要的是依赖这类高校利用国家鼓励留学生招生的优惠政策（例如教育主管部门下拨的生均经费），以及这些高校为了与同地区、同类型的高校竞争而出台的各类奖学金、学费/住宿费减免、留学层次直通车等措施。在不少情况下，这些高校关注的不是学费收入或其他相关收入，而是更多地考虑国家对留学生的战略需求，考虑国际学生数量在高校各类评估和评价中的指标应用。在这个背景下，招生机构得以发展壮大。而对那些与一流高校或较优秀高校合作的招生机构而言，这些高校的名声、地位、专业、课程、丰富的奖学金体系等都为招生机构的成功提供了必要条件。最主要的是，招生机构不仅仅在委托高校得到了肯定，而且其名声会在委托高校与其他高校的交往中得到传播。

因此，招生机构对委托高校的真心投入和协助是有回报的，这是一种延时的回报。口口相传的推荐要比广告宣传更可信，而且是无成本的。归结到一点，市场知名度对招生机构而言是自我回馈。

第八章

高校对招生机构的期望值

第八章　高校对招生机构的期望值

高等教育的国际化不仅是国家战略，也是一所高校发展到一定阶段的必然要求。高校的国际化有很多指标，包括国际合作项目、国际联合实验室、全职外籍教师、访问学者、联合培养研究生、交换生比例，还有最能体现国际化氛围的各种肤色、各种文化背景的留学生群体等。

高校本身有专设的管理部门负责国际学生招生，但是，由于人员配置不足、国外资源缺乏、市场运行机制不熟悉等因素，所以会寻求与招生机构的合作。高校情况不一，与招生机构的合作出于各种目的，但总体来说，高校对于招生机构的期望值基本上大同小异。

第一节　学生数量

大部分高校在招收国际学生时首先考虑的就是数量。一般来讲，没有一定的数量也就谈不上理想中的质量。国际学生数量是衡量一所高校学生国际化水平的重要指标。在上海交通大学软科中国最好大学排名"学生国际化"指标中，唯一的参考数据就是留学生比例。这个比例是指学校的学历留学生数占在校生（本科生、硕士生、博士生）总数的比例。留学生比例能够反映大学人才培养的国际声誉及提供国际化教育环境的能力，是衡量大学国际化发展水平的基本指标。

国际学生的数量涉及一个关键的问题，那就是高校和招生机构之间合作的导向问题。由于招生机构的目的就是盈利，因此，它的主要导向就是"收入导向"（income-based），而高校有投入，肯定希望有更好的"产出导向"（outcome-based）。（Huang, Raimo & Humfrey, 2016：30）这里的"一进"（in）"一出"（out）代表了高校与招生机构原始出发点的不同。对招生机构而言，盈利数量是最主要甚至可以说是唯一的指标；而对于高校而言，盈利数量可能重要（对某些将高等教育产业化的国家和学校）或不重要（对追求初始国际化的国家和学校），但是，国际学生的数量是非常重要的。并不是学生数量多就一定代表招生机构盈利多，招生机构的盈利主要看其中的利润有多少，也就是招生机构的"商品"单价和利润。对于众多高校来讲，校园里有一定数量、一定比例的国际学生才是最关键的。因此，高校在和招生机构的合作协议中一定会把数量作为一个重要的条款写进去，这既满足了高校对数量的要求，也在更深层次上促使招生机构去开拓市场，寻求更大范围的生源。在这一点上，高校一定要给招生机构施加更大的压力。目前普遍的运作方式就是一家招生机构会和数个或众多高校合作，招收一名学生就可以拿到佣金，这对招生机构而言当然是好事，因为招生机构招收的学生的总数量也许可能很多，但对于某一高校而言，这些学生就不会那么集中。因此，高校

第八章　高校对招生机构的期望值

可以要求招生机构完成底线招生数量。低于底线招生数量，招生机构不再享受学校的佣金或其他优惠政策；达到了底线数量，招生机构则正常享受所有协议中的合作政策。此外，这种底线数量要呈逐年渐进式增长。例如，一所高校可以要求招生机构第一年必须完成学历自费生20名，那就是说，即使招生机构完成了19名，也不能享受相关的佣金，必须再多1名才行。在某种意义上，这个多出来的1个名额相当于20个名额。别小看了这1个名额，它代表了招生机构对这所高校的市场关注度和投入度，也反映了招生机构对这所高校的重视程度，这给高校和这家招生机构今后的长远合作提供了判断依据。当然，高校也不能狮子大开口，要根据招生机构的实力、目标市场的潜力、学校多元发展的取向等，来确定底线数量要求，既不能吓退招生机构，也不能目标过低。因此，在这个意义上，国际教育学院的招生部门要学会如何做市场战略和策略，招生负责人不再是简单的接线员和接待员，而应该研究所在高校需求（长期和短期）、市场、招生机构，成为研究性招生管理人员，真正做到以研究带动招生，这样才能有的放矢地在招生规模上取得理想成绩。

高校对招生机构提出底线数量要求有几个好处。第一，促使招生机构收缩合作高校范围，而集中于某所高校的某个市场，这样高校既达到了量的要求，也有利于高校生源在某一方面的相对集中，并对校园里各种文化的"块化"形成提供有力的支撑。第二，通过底线数量要求，在一定程度上从主观上压缩招生机构与其他高校的合作，这也实现了一定意义上的"半排他式合作"。因为在和招生机构商谈合作时，高校一般无法要求招生机构做到排他性合作，因此，也就无法保证招生机构是否会按照预期进行运作。而有了底线数量要求，招生机构就可以按预期进行运作了。当然，如果一所高校确定某个市场就是该校最主要的市场，而且对于该校的发展具有战略意义，那么，也可以和招生机构商谈这个市场的排他式合作模式（当然随之而来的就是佣金或奖学金名额分配等优惠政策），从而最大限度地增加这个市场的国际学生数量。一旦这个市场的国际学生达到一定的数量，高校和招生机构就可以在预科班（国内班、国外班）、成建制班级、生源语言专业建设、校际科研合作等诸多方面进行拓展性合作。

高校和招生机构合作的原因之一就是增加国际学生人数，提升工作效率，但高校与招生机构合作有一种战略风险，那就是高校的投入可能要多于回报，例如高校投入很高，但最终注册的学生数没有达到预期目的。因此，在高校与招生机构深层目标不一致时，高校就要在合约中有限制性的条件和条款，来协调、中和双方在原则上的不一致。高校与招生机构的传统合约基本是"行为导向"（behavior-based），主要规定和约束的是双方的责任和义务。但是，在合作初始及操作过程中，招生机构主推的是"收入驱动"（income-driven）策略，其一切出发点就是收入和盈利，这与合作高校的多维期望值是不完全匹配的。因此，高校要将"产出导向"（outcome-based）写入与招生机构的合约中，明确学校的主要招生任务，在招生机构的单一取向和学校的多维定位之间找到最佳的平衡点。和招生机构签订产出导向合同是高校达成招生目标的有效手段之一（Huang, Raimo, & Humfrey, 2016），可以给高校提供更多保护。当付给招生机构的费用是基于招生产出时，高校与招生机构的合作才是低风险的。

第二节 经济效益

追求经济效益不仅仅是招生机构的专利，国际高等教育的"市场化"（marketisation）和"商品化"（commodification）（Huang, Raimo & Humfrey, 2016：1333）也将高校卷入了经济大潮。欧美高校通过大量国际学生招生弥补了政府投入的削减，补充了学校经费，改善了办学条件，然后通过更丰富的奖学金体系来反哺国际学生招生。发展中国家，包括中国，没有将经济收益列为招收国际学生的首要目标，而是更多地从构建国际化氛围、优化生源结构、提升国际声誉等角度出发来招收国际学生。但是不管怎么样，这些国家没有也不会放弃对于合理经济效益的追求。

从国际高等教育市场化的趋势看，国际学生的总量是可预期的，国际学生所带来的经济总量上也是可观的。各个国家的高校都想在这个国际高等教育的市场中有所作为，都想在经济收益的总盘子中有自己的一杯羹。因此，招生机构在与高校合作中一定要充分考虑高校的经济利益。

高校有五大功能：人才培养、科学研究、社会服务、文化传承、国际交流与合作，虽然没有关于财务或赚钱的表述，但是，所有这五大功能都是靠高校的财力支撑的，也就是说，高校有没有钱，就决定了这五大功能能否得到很好的发挥。欧美高校通过大量招收国际学生来增加学校的收入，收入的比例占了高校预算相当重要的部分，例如英国大学，"大约12.1%的收入来自国际生的学费"（Huang, Raimo & Humfrey, 2016：1333）。那么在发展中国家呢？在中国也有部分大学招收的国际学生数量较多，而且自费生的比例较高，那么学校的学费收入（甚至住宿费）就会较高。例如，如果一所学校每年招收1000名学历生，按照人均学费20000元计算，那么一年的学费收入就是2000万元，如果学制按照平均三年制的话，那么学校年均学费收入为6000万元。这笔收入对于外界来说可能是笔可观的收入，但对于能招到这样规模学生的高校的预算来讲，也许占的比例不会达到英国高校的12.1%，也就是说，人均学费偏低，对学校的预算不会起太大作用。招生机构也许会说，不管国际学生的学费收入占学校的预算多少，但总量还是可观的。既然学校学费收入那么高，为什么就不能给招生机构更多的优惠待遇包括佣金呢？为什么佣金的比例不可以提高呢？这就牵涉招生内在的良性循环问题了。国际学生入学后，如果语言过关，会被安排插班教学，其教学和其他培养成本原则上都被中国学生均摊掉，不会占据太多。但是，有相当一部分国际学生是单独成班，这部分班级的全英文授课或其他语种的授课成本会高许多。除了较高的课时费（有的学校全英文专业课课时费为300元/节）之外，隐形的成本更高，例如，高薪聘请海归人才授课，本土教师出国进修课程，等等。此外，还有大部分人意识不到的一点，那就是学校食堂的国家补贴，校内住宿的优惠价格，硕博研究生的实验室条件增加、改善等，如果都来自学费收入或象征性的住宿费，那经过全部成本核算之外，也许剩不了多少。如果国际学生规模稍小一些，那对高校来讲也许收入和付出就不成正比了。高校并不是简单地进行收入和成本进行匹配，高校还会（不一定非常明晰）从国际学生学费中拿出一部分来设立奖学金，以吸引更多高质量的国际学生加入学校的学生群体。只有用奖学金吸引更好的生源，高校的各个学院及研究生导师才会更积极主动地配合学院和国际招生部门做好招生和培养工作,养成良好的国际学生培养环境和氛围,久而久之,才会吸引现有国际学生的校友和朋友前来就读。有的学校还会减免部分学生的学费或者提供免费住宿等优惠政策,以吸引优秀学生。所有这些国际学生招生和培养中的硬成本和软成本加起来是否超过学费收入,就是高校对于国际学生招生工作支持与否的重要评判标准。这里又一次验证了上一节强调的国际学生数量的问题,也就是说,一所高校只有达到一定规模的招生量,才能在成本核算上占得先机。

如果高校从国际学生学费中没有获得更多的收益,甚至财务倒挂,那么高校对于奖学金的设立等花钱项目将持观望态度,甚至对支持国际教育学院持怀疑态度。如果没有国际教育学院,那就谈不上专门的国际学生招生部门了。没有招生部门,那也谈不上和招生机构的合作了,这就是所谓的"皮之不存,毛将焉附"。也就是说,招生机构不能雁过拔毛,否则即使短期之内能够维持较好的经济收益,但从长远的角度看,是没有发展潜力的,因为会失去一个个本来具有良好市场的合作对象。在这个意义上,高校不仅仅是委托方,更是招生机构的客户,招生机构也要维护这些客户的利益,让他们感受合作带来的益处,而且是实实在在的益处。如果在最直接、最显性的经济方面没有让高校感受与招生机构合作的优势和好处,那其实也是招生机构的损失。因此,"唯利是图"的招生机构要设身处地地为合作高校着想,这样才能有更多的利可图。

招生机构还要意识到,如果招生机构被证实昂贵又无效,那么高校就会用自己学校的员工。这里的"无效"不仅指招生数量上的,而且也涉及投入与收益。尽管学校认识到为了做好国际学生招生工作,聘用正式员工会有一定的经济压力和不确定性,但如果使用招生机构的成本过高,即使用成本大大超过校内人力资源成本核算,那么,高校会权衡是否将用于招生机构的费用用于扩大自身招生队伍,扩大的人员一部分直接从事招生工作,一部分则从事国际市场营销。这时候高校宁愿"造船"也不愿意"买船"。高校可以将用于招生机构的直接费用和间接费用用于招生员工的招聘、培训等,培养一批素质高、忠诚度高、长期的固定招生队伍,这对高校国际学生招生工作的长远发展是大有裨益的。总之,投入和产出一直是高校管理者思考的一个问题。

从招生机构的角度看,与高校的合作要舍得退一步,要充分考虑对方的底线经济诉求,吃小亏赢大利,吃暂时亏赢长远利,退一步是为了今后更好地进两步。招生机构要意识到,国际学生招生市场不是奢侈品市场,而是数量庞大的教育商品市场,因此要以量为主,"薄利多销"才是赢利的主基调。招生数量达到一定的规模,才有可能实现预期的经济效益,因此,数量对高校和招生机构来说应该是共同的目标。这再一次回应了上文对学生数量的期望。

第三节 生源质量

招生机构强调的是"收入导向","这就与客户高校的目标不相吻合,例如高校更多关注的是生源的质量"(Nikula & Kivisto,2020:215)。高校招收国际学生有多维的"产出"期望,包括前面讨论的数量、收益,但是,没有哪所高校会不关注国际生源的质量。欧美等发达国家关注生源质量由来已久,而且选拔、录取的程序非常成熟,从招生机构的推荐到高校招生部门的初审或资格审查,再到各专业学院的专业审核和考试(有的是研究生院的专家小组或委员会的集体审核),层层把关,确保录取进来的学生都能符合学校的招生标准,这在改善学校原有生源质量方面起到了很大的作用。但是,在发展中国家,高校为了满足国际化氛围的需要,初始阶段更多关注的是国际学生的数量,这会导致一系列的问题。

和其他学生一样,国际学生的首要任务就是学习,而且是在一个比较陌生的环境中。如果在他国异乡的高校,国际学生的语言不过关,文化适应度差,对教学模式和方法也不适应,那么他们学习起来就会吃力,提问无法回答,研讨无法参与,小组作业无法融入，最终考试难以通过。轻者延长学制，从而增加经济负担；重者压力过大，出现精神及其他健康问题。如果挂科特别严重，也可能在签证、居留许可上得不到高校和移民部门的支持，有的会在系统中留下不良记录，甚至会被强制离境。

学习能力较弱的学生还会给所在高校带来其他负面影响。例如被炒得沸沸扬扬的学伴报道，给普通民众对国际学生的认知蒙上了阴影，干扰和破坏了社会对国际学生招生的信任度，导致对国际学生招生和培养越来越多的质疑和否定，在一定程度上妨碍了高等教育国际化的正常轨道。这些质量较低的学生如果学习不好，态度不端正，就会到社会上闲逛，从事非法打工，无事生非。如果这样的学生成群结队，就会干扰当地正常的社会秩序。所有这些问题都会引起当地百姓对于高校办学的质疑。

学生的质量不仅在于学习水平和学习能力，经济能力也是支撑学生留学很关键的因素。有些学生的家庭条件较差，提供的经济能力证明不实，因此，他们到达目的国家后甚至连生活费也解决不了，再加上当地对于留学生打工的限制，就会使他们成为校园里的"贫困者"，久而久之，也会成为社会的不安定群体。高校毕竟不是慈善机构，而且招收国际学生本来就是基于经济条件许可的前提，因此，从根本上不能解决贫困国际学生群体的经济问题。

关于国际学生质量问题，这里要着重分析一下高质量国际学生对所在学校的积极影响。《留学中国计划》明确提出了发展目标："到2020年，使我国成为亚洲最大的留学目的地国家。建立与我国国际地位、教育规模和水平相适应的来华留学工作与服务体系。"其指导思想就是："统筹规模、结构、质量和效益，推进来华留学事业全面协调可持续发展，打造中国教育的国际品牌。"这里面的核心内容就是要打造与我国国际地位相匹配的国际教育品牌。

目前公认的中外合作办学主要有两种形式，一是中外合作办学机构，二是中外合作办学项目。中外合作办学对推动中国高等学校办学体制改革、拓宽人才培养途径、促进教育对外开放等方面发挥了积极作用，为中国高等教育国际化进程提供了一种全新的模式。值得注意的是，中外合作办学机构和中外合作办学项目是中外合作办学和中国高等教育国际化的显性形式，通过借鉴国外先进的教学体系，引进高质量的外方课程和师资，培养了一大批具有国际视野和国际思维的各层次人才。

与中外合作办学机构和中外合作办学项目不同，来华留学过程中，高质量的国际学生会积极主动和中国学生接触，除了"在思维方式、生活习惯乃至文化传统等方面相互影响"（彭庆红、李慧琳，2012：244）以外，还会自觉或不自觉地将自己国家的教学理念、教学体系、课程设置、考核方式等与中国教师和中国学生进行交流。在这个交互过程中，已经具有国际化办学意识的中国高校一定会思考、借鉴、吸纳国际学生提供的先进理念和宝贵经验。对国际学生插班教学的专业和课程，高校会完善原有教学体系和课程设置，更新教学理念和教学模式，逐步趋同于国际视野和国际水准。例如，在课程设置上，"开设各类型的国际理解教育课程；增设多样化国际课程，开展国际性问题研讨"（张燕、易红郡，2019：71）；在课程形式上，"采用必修与选修兼并，设置多样的选修课程，满足不同留学生的需求"（张燕、易红郡，2019：71）。

现阶段因语言问题而单独开设的专业和课程（如全英文专业和课程），由于国际学生的参与，特别是相当一部分质量较高的国际学生的主观诉求，有些高校不再满足于现有专业和课程的翻译移植版本，而是按照《规范》的要求"根据相应层次和专业的教育教学标准和规范，结合来华留学生的培养目标和发展特点，制定明确、适用的来华留学生专业培养方案"。这时候的培养方案是面向未来、立足国际化的全新的培养体系。这些全英文培养方案和课程体系在实施过程中不断完善和成熟，若干年后会成为培养中国学生的借鉴和参照。这样，中国的学生也能"接受到国际化的培养，促进高校国际化水平的提升"（周栋、马彬彬、谢济光，2019：178）。这种共同完善就是生态学中的"种间协同进化":"一个物种的进化必然会改变作用于其他生物的选择压力,引起其他生物也发生变化,这些变化反过来又会引起相关物种的进一步变化,这种相互适应、相互作用的共同进化的关系即为协同进化(co-evolution)。"(曹凑贵、展茗,2015:126)通过原有体系的完善和全英文专业和课程的反哺,就会实现中国高校内部螺旋式的国际教育品牌建设。这些国际教育品牌建设的过程就是来华留学产品打造的过程,有了好的留学产品,才能吸引更多、更优质的国际学生,从而更进一步推进中国高等教育的国际化进程。这个过程"必然会增强我国教育国际化内涵发展的综合改革动力"(程伟华、张海滨、董维春,2018:35)。从这个意义上说,来华留学是中外合作办学的隐性形式,这种形式是嵌入式的,是更潜移默化的,它的作用丝毫不亚于显性的中外合作办学机构和中外合作办学项目。因此,来华留学教育是"打造'中国特色、世界一流'国际教育品牌的重要载体"(程伟华、张海滨、董维春,2018:35)。经过国际化内涵发展驱动后的中国高等教育才是"吸引国际学生就读的根本因素……同时也是决定教育国际声誉度的根本因素"(贾兆义,2019:42)。当然,归结到一点,中国高校必须要招收到质量较高的国际学生,才能促动和促进这些螺旋式变革和进步。

因此,高校在与招生机构合作时,一定要强调招生机构推

第八章 高校对招生机构的期望值

荐学生的质量。从收益的角度看，不管是拿学校的佣金，还是收取学生的服务费，只要有人申请，就都是招生机构的"菜"。打个比方，市场上有卖土豆的商户，他的土豆里有大土豆，有小土豆。他有两种售卖方式：大小土豆放在一起，价钱一样；大小土豆分开，价钱一样。不管怎么样，最后的土豆都能卖出去，只是卖给了不同的买菜人。有的人喜欢大土豆，有的则喜欢小点的。这里的大土豆和小土豆只是个头大小的问题，质量都是一样的。招生机构的申请人和市场上的土豆情况不同，他们存在质量问题：有的是优质生源，有的质量较低，但是招生机构都想把他们"卖"出去，而且价钱上都是一样，那怎么办？有的招生机构就会将质量好的和质量差的学生一起推荐给合作高校，特别是那些比较依赖招生机构的高校，以及追求学生数量的高校。而其中一些质量较差的学生到了层次较好的高校就会出现上述不适应的各种状况。招生机构如果把质量较低的生源推荐给层次较低的高校，那么操作性就会好一点，因为这类高校学习的要求没那么高，另外层次较低的高校招收国际学生会有更多的经济支持和补贴，同时还可以实现必要的指标要求。有些招生机构会利用高校提供的奖学金政策，将一些质量较低的申请人推荐给合作高校，等到进校后发现奖学金无法覆盖所有的费用后，这些学生就成了高校的隐患。有的招生机构甚至提供虚假或伪造的信息。这也是招生机构饱受外界诟病的原因之一。因此，招生机构应该根据合作高校的整体层次、教学质量、生活水平等综合因素来确定申请人和高校的匹配度。

需要说明的是，我们这里所说的质量在某种程度上是相对的，高水平、高层次的高校匹配的是层次相当的学生，而层次较低的高校也有自己匹配的生源群体。尽管市场上的土豆有大小之分，都是商户的"菜"，但对于客户来讲，喜好不一样。申请人对于招生机构而言都是"菜"，但并非是每个高校的"菜"。招生机构在"配菜"的过程中要更加精细化，才能更好地满足合作高校的招生胃口和期望值。

第四节　文化兼容

中国俗语说，道不同不相为谋。这里的"道"指的是人的世界观、人生观和价值观。"三观"可能因国家不同而在内涵上有所差异，但就某个具体国家而言，"三观"都是植根于这个国家的文化土壤的，也就是说，普世主义的"三观"是不存在的。因此，也可以说，"三观"的核心就是文化。高校，不仅仅是西方国家的高校，其招收国际学生的目的绝不仅仅是经济获益、校园国际化氛围等，而是还隐含着国际学生对留学国家文化价值观的了解、熟悉、感知到最后甚至认同、接

第八章 高校对招生机构的期望值

受的过程。

中国教育部、外交部、公安部第42号令《学校招收和培养国际学生管理办法》明确规定：学校招收和培养国际学生"应当维护国家主权、安全和社会公共利益"，而国际学生"应当遵守中国法律法规，尊重中国风俗习惯"，"高等学校应当对国际学生开展中国法律法规、校纪校规、国情校情、中华优秀传统文化和风俗习惯等方面内容的教育，帮助其尽快熟悉和适应学习、生活环境"。中国教育部颁发的《来华留学生高等教育质量规范（试行）》（教外〔2018〕50号）则规定："来华留学生应当熟悉中国历史、地理、社会、经济等中国国情和文化基本知识，了解中国政治制度和外交政策，理解中国社会主流价值观和公共道德观念，形成良好的法治观念和道德意识。"中国教育界对于来华留学生的培养目标就是知华、友华。这里的国家安全、社会公共利益、风俗习惯、国情校情、传统习惯等都是一个国家文化直接或间接的体现。没有哪个国家和这个国家的高校希望招收进来的国际学生是无法融入和吸收当地文化的，更不用说是持敌对态度的。"培养什么人，为谁培养人，怎样培养人"不仅是中国语境下的要求，也应该是全世界所有重视国际学生招生和培养的国家及高校的普遍要求。

招生机构面对众多的申请人，除了在学业成绩、语言水平、经济状况、无犯罪记录等方面进行审查之外，还应承担起"文化中间人"（cultural mediator）的身份。对于那些对目标国特别感兴趣的申请人，要主动介绍目标国的国情、文化传统、社会风俗等，让他们在专注所学专业的同时，更加关注目标国的历史、现状和未来。也许在此基础上，部分申请人会改变原来的关注专业，而选择那些真正内心驱动的人文社科类专业，从而将来成为申请人国家和留学国家的文化传播者。对于那些了解目标国文化的申请人，一旦入学后就能很快融入留学国家的文化，不会有很多的陌生感，从而更快更好地进行专业学习。对于那些对目标国不感兴趣甚至带有偏见的申请人，如果进行深入沟通后还是觉得文化融合度较低，甚至有一定抵触，招生机构就不要强行推销，而应将这些申请人推荐到合适的国家和地区，否则即使勉强进入心理上不适应的留学国，也会和周边的人及环境格格不入，这样将会给周围的人带来种种不适和冲突。在很大程度上，文化兼容是国际学生整个留学生涯的深层支撑，在某种意义上比语言能力、学习水平等更为重要。

这里，就不得不提招生机构的文化情结。招生机构是连接高校和申请人的桥梁，招生机构的文化情感也会影响申请人对于留学目标国家的文化感受和判断。招生机构要想长久地做好目标国市场，就必须彻底熟悉该国的文化，要在心底认同该国的文化，这样才能具有某种文化情结，才会发自内心地推荐符合该国市场需求的国际学生。从另外一个角度看，高校也应该主动将招生机构纳入文化共建的范畴，培养知己、友善的合作伙伴。为了培养知华、友华的国际学生，高校首先要对招生机构进行甄别筛选，要对招生机构背景、招生机构负责人背景等进行前期调查，要确保对中国的友好和善意，对那些损害国家利益同时大发招生财的招生机构和负责人，要坚决予以抵制，并通报同行高校。

第九章

高校与招生机构合作的公开性

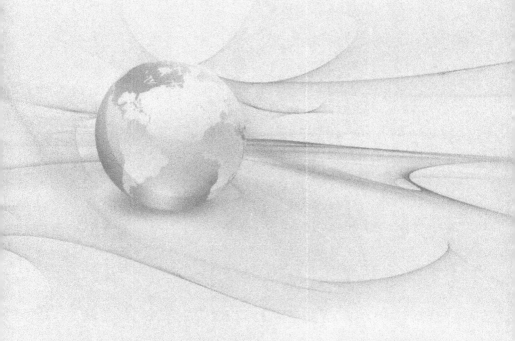

第九章 高校与招生机构合作的公开性

不管是在发达国家还是在发展中国家，高校利用招生机构进行招生宣传和咨询，代理某些招生业务，是件众所周知的事。因此，公开高校和招生机构的合作似乎并不困难，但事情远没有那么简单。

第一节 高校与招生机构的公开合作

有些国家，如英国、澳大利亚等，为了实现高等教育的产业化和商品化，制定国家战略和实施优惠政策，鼓励高校通过各种渠道招收国际学生，增加学校收入。高校为了最大限度地招收符合自己标准的各类学生，在学校官网及其他信息发布平台公布与其合作的全球招生机构。例如，澳大利亚新南威尔士大学在其官网上公布了官方授权的近千家招生机构名录，其中在中国的招生机构就有近300家，招生机构的信息包括名称、地址、联系电话、邮箱等。全世界的申请者都可以在新南威尔士大学网站上看到在自己国家的招生机构，然后根据自己的具体情况选择使用还是不使用招生机构。如果决定使用招生机构，申请人就会在网上查找有关招生机构的具体信息，包括名声、信用、服务、人员等。其实高校官方网站公布招生机构名单，本身就是对这些招生机构的最好宣传，说明高校对这些招生机构的官方认可，这要比招生机构花大价钱做广告效果要好得多。如果没有高校网站上的这些官方招生机构名单，申请人就会感觉市场上的招生机构鱼龙混杂，无法做出准确的选择。一部分申请人还会因为不熟悉申请程序或不愿花费精力去甄别市场上的招生机构优劣而放弃对于原先目标高校的意向申请。高校公开招生机构拉近了高校与申请人的距离，让申请人感受到了高校为了招生而做出的努力和姿态。高校网站上的招生机构名单越长，说明高校此前不遗余力地在和这些机构沟通、商谈，从另一侧面反映了高校对于国际学生招生的重视。招生机构的面越广，越能说明这所高校对众多文化、民族、地域、地区的包容和接纳，也真正能体现这所高校的国际化视野，也就更值得国际学生的青睐。

当然，高校在公布招生机构名单或相关信息时，要"注意不要误导申请人，即自己申请或使用其他招生机构不可行"（Soltangazina，2019：42）。高校在其网站上要有特别说明，明确支持和鼓励申请人独立申请，并告之网站上的Q & A，如果还有疑问的话，申请人可以拨打招生电话或发送邮件向招生人员进行咨询。

第二节　高校与招生机构的不公开合作

高校和招生机构的合作很普遍,但是,也有相当多的高校没有公布与招生机构合作的任何信息,包括合作招生机构的名单。这里有以下三个方面的因素。

第一,不少高校合作的招生机构远没有像新南威尔士大学合作的近千家招生机构那么数量庞大,他们合作的招生机构数量较少,有的只有几十家,有的甚至只有几家。如果把有限的招生机构名单放在官网上,就会显得区域覆盖面不广,体现不出这所高校全球化招生的格局,反而拉低了这所高校的名声和地位。此外,如果覆盖面不广,就会给申请人误解,认为不在招生机构覆盖的区域是不受这所高校重视的,因此就会主动退出申请。从这个角度说,高校应该尽可能与更多的招生机构合作,不仅数量要多,而且区域覆盖面要广,这样才能在市场策略上达到最大化的宣传目的。

第二,由于某些政策和管理规定,高校不愿冒被监管的风险。例如,2018 年中国教育部颁发的《来华留学生高等教育质量规范(试行)》明确规定:"高等学校的来华留学生招生录取工作应当严格遵守国家有关规定,不得委托任何外部机构或个人代理。高等学校在来华留学生招生信息提供和咨询中采用外部服务时,应当按照审慎、规范、公开、透明原则,严格依照国家有关规定或规范履行监管责任,维护教育秩序和来华留学生合法权益。"这里的规定对招生机构是防范的,字里行间也可以看出教育主管部门对招生机构的不放心,在主观上是不太赞成高校和招生机构合作的,担心招生机构会损害申请人的利益,从而损害高校和教育主管部门的声誉。目前中国的教育法还"没有明确高校和招生机构合作招生的条款,也没有明确如何选择招生机构以及如何和招生机构打交道的信息条款"(Soltangazina,2019:42—43)。高校既然知道了主管部门的总体原则和态度,也就不愿主动公开和招生机构的合作,而倾向于和招生机构进行私下交易,当然合作期间也会得到学校有关部门的认可、批准或默许。招生机构通过自己的网站或其他渠道宣传和高校的招生合作,以此来吸引更多的申请人。但是,由于申请人在高校官网上看不到招生机构的信息,他们对招生机构的合法性和信用度就会持怀疑态度,因而在很大程度上弱化了高校与招生机构合作的效果。有的申请人为了确认招生机构和高校合作的真实性,避免被诈骗,会主动咨询高校招生部门,这时招生人员往往不会积极推荐申请人通过招生机构来申请,而是告知申请人可以直接通过申请网站自己来申请,而且会耐心地解释申请程序和申请事项。高校这样做一方面是通过了解申请人的详细信息拉近和申请者的距离,鼓励申

第九章 高校与招生机构合作的公开性

请人优先选择自己的高校;另一方面也是直接减少通过招生机构申请入学的人数。这样,高校既可以通过和招生机构的约定增加招生人数,又减少了原来应该支付给招生机构的佣金或其他奖励费用,一举多得。

第三,有的高校不愿将合作招生机构公布,因为有的同行高校本来没有招生机构信息来源,或者没有和招生机构联络的渠道,现在看到兄弟高校网站上的招生机构名录,就可以有针对性地与其中的一些招生机构联系,来扩大自己的招生渠道,这等于"前人栽树,后人乘凉"。这就如同很多高校的二级学院不愿意公开自己的教师队伍一样,特别是不愿意公开那些科研教学骨干教师,因为担心被同行高校挖走,从而会损害自己学院的生存和发展。当然,这些担心公开招生机构的高校一般不是那些顶级的名校,他们一般缺乏较强的竞争性优势,没有绝对的把握和信心在同类市场上具有统治地位,因此在信息公开方面采取的是防守策略。

上述这三个情况都是高校不愿公开合作招生机构的原因。

第三节 招生机构与高校的公开合作

招生机构与高校签署合作协议后,就可以开始招生宣传了,其中最直接的方式就是将合作高校的名单放在自己网站上。合作高校越多，说明这家招生机构的声誉越高，申请人选择的余地越大。招生机构一般会将某一市场上的高校按照排名进行排序，以此来凸显自己的品质。以合作高校的地位来彰显自己的市场认可度是招生机构最简便的宣传策略。

招生机构可以将合作高校的网址公布出来，便于申请人更多地了解感兴趣的高校，这等于帮助高校做了集成式的汇总工作，提高了申请人的申请学校的针对性。申请人可以浏览高校网站，找到自己感兴趣的专业，然后再征求招生机构的意见。有的招生机构工作比较细致，将合作高校的重点专业及相关信息整理出来，并提供相应的链接，这样申请人就可以更加聚焦某些专业。一般来讲，这些专业大多是所在高校的优势专业或特色专业，对于国际化的期望值比较高，投入的资源比较多，申请人入学后获益也会更多一些。当然，对这些专业的描述材料最好由这些专业的教授或工作人员来提供，因为他们最清楚这些专业，招生机构不可能熟悉一所高校很多的专业。因此，如果高校要和招生机构诚心合作，就可以主动向招生机构提供最专业但又最通俗易懂的推介材料，这样才能最大限度地达到和申请人的沟通效果。这里有一点需要注意，"有关学校的信息大多来自学校网站，而学校网站上的信息没有更新。因此，高校应当负责更新网站信息或告知招生机构最新招生政策"（Soltangazina，2019：41）。这时我们发现，高校招生部门对及

第九章 高校与招生机构合作的公开性

时更新网站做得还不够,即使有信息更新,招生机构也不可能随时去众多合作高校的网站上查询那么多的新消息,因为有的新消息并没有特别标注出来,因此,招生机构提供给申请人的信息很有可能就不是最新的。最好的方法就是一旦有新信息或新政策,高校应该第一时间告知招生机构,这样才能确保招生机构公布的信息或政策也是最新的。这不仅是对招生机构负责,更是对申请人和高校自身负责。这就需要高校招生部门有专人负责和各招生机构对接,确保信息渠道的畅通。招生部门人员也可以经常登录招生机构网站,检查相关信息,如发现过时或不实的表述,要及时告知招生机构予以更新或更正。双向的信息互通才能减少高校和招生机构之间信息的不对称。

第四节 高校和招生机构合作信息的透明度

尽管招生机构已经成为国际学生招生的重要组成部分,但是,缺乏透明性可能会给合作高校带来危害。其中的危害包括前面提到的对学生的隐瞒,甚至诈骗,以及随之而来的对学校名声的损害,此外还有对高校直接和间接的经济利益的损害。

高校和招生机构的合作透明度主要涉及两个方面:招生机构的使用和佣金支付。

第一,高校在招生机构的使用上应该透明。如上所述,有些高校主动将合作招生机构公布于众,有些高校由于国家政策等因素暂未公布与之合作的招生机构。招生机构既然客观存在,而且是越来越普遍的存在,教育主管部门应该正视高校和招生机构的合作,鼓励他们之间公开、合理、互惠的合作,帮助高校招收理想的学生,帮助申请人成功申请心有所属的高校和专业,也帮助招生机构获取正当的收益。如果教育主管部门能够鼓励高校和招生机构合作的公开化,那么高校也可以正大光明地和主管部门讨论合作过程中的难题,共同应对招生机构带来的风险,然后制定相应的管理办法和措施。在高校与招生机构合作的问题上,教育主管部门应该采取"导"而不是"堵"的方法,尊重市场规律,将高等教育国际化纳入产业化和商业化的轨道,充分利用各种资源,包括外部资源,来提升高校的国际化水平。在这个过程中,高校得到质的提升,高校的学术水平和教育水平都会上一个新的台阶。我们要认识到产业化、商业化和高校的学术定位与教育属性是不矛盾的,经过产业化、商业化的助推,高校真正脱离了象牙塔的限制,而将自身融入外部的世界,从而更好地解决实际问题,这也是学术回归社会的最好体现。教育主管部门和高校也要跳出原有的传统教育的思维,做好高等教育产业化背景下的发展规划,要像商人那样去"经营"高校管理。在这个时候,教育主管部门和高校与具有典型商业属性的招生机构之间的距离就没有那么

第九章　高校与招生机构合作的公开性

远了，而是可以坐下来好好商谈，遵循平等互利的原则，构建一个高校—招生机构—申请人长远发展的命运共同体。在某种程度上，教育主管部门不仅要鼓励高校和招生机构的合作，更要督促和要求高校将与招生机构的合作公开化。

第二，高校支付给招生机构的佣金应该透明。招生机构与高校合作最直接的收益就是佣金。但是，关于佣金的透明度是很难的，因为高校和招生机构不愿意公开佣金及相关细节。目前还没有任何高校和招生机构主动公开佣金信息。高校不愿公开支付给招生机构的佣金信息主要有两个原因。首先，高校一般不会只和一家招生机构合作，而会针对不同市场有多个合作伙伴。由于市场不同，委托的难度不同，谈判的砝码也就不同，高校支付给招生机构的佣金比例和方式也就会有所不同。如果高校公布各招生机构的佣金信息，那势必会引发招生机构的攀比，而这些招生机构之间根本不太清楚为什么要有差别，佣金比例低的招生机构肯定希望向佣金比例最高的招生机构看齐，而这时候高校即使做再多的解释工作也无济于事。其次，各个高校也许会和同一家或一批招生机构合作，由于财务核算机制或其他校本政策不同，给予招生机构佣金的比例空间也会有差异，这种差异有时候会很大。为了争取同类市场，有的高校就会有针对性地给一些招生机构更高的佣金政策，希望从固定的生源市场份额中抢到更多更优质的生源。这样下去，相关高校都会逐步提高相关招生机构的佣金比例，造成恶性竞争的局面，到最后得益的只有招生机构。因此，从整体上看，高校不愿公布支付招生机构佣金的任何信息。

招生机构不愿公开佣金信息的因素要更复杂，当然也有和高校不愿公开佣金信息类似的因素。一家招生机构不可能只和一所高校签订合作协议，招生机构往往也代理数个或更多的高校。在和高校谈判的过程中，招生机构会根据商谈高校的层次、地位、对国际学生招生的渴望度（包括量和质）、市场的难度、奖学金生资源、学校的财务管理机制等综合因素来确定不同的佣金比例。一旦公开这些不同的佣金比例，那些佣金比例高的高校会质疑招生机构的不公平，然后要求调整到比原来低的比例，这明显不符合招生机构的利益。在佣金比例上，高校追求的是最小化，而招生机构追求的则是最大化，在这一点上，双方很难达成自己的理想期望值。对招生机构而言，佣金比例是最核心的商业机密之一。如果公开，那么同行也就知道了。同行可以根据自己的市场优势、投入、市场占有等方面考虑，通过压低佣金比例的方式吸引高校放弃原来的招生机构转而和自己合作，等到占有市场后再伺机提高佣金筹码。其实即使竞争对手没有公开佣金比例，招生机构到高校商谈时也会千方百计打听原先的比例，从而掌握主动，因为招生机构也不想让高校更多地主导佣金谈判。从这个意义上看，高校和合作招生机构都不愿主动公开已达成的佣金比例协议，为今后的类似合作留下有利于自己的谈判空间。招生机构不愿意公开佣金细节还有一个非常重要的原因，那就是双重收费。按照协议或商业道德，如果已经收取委托方的佣金，那就不应再收取申请人的任何费用。但是，出于赢利最大化的目的，招生机构不会让申请人知道自己已从高校收取佣金的事实，更不愿意公开佣金的数量，这样就会以人力成本高、经营成本高等理由把自己放在市场弱者的地位，从心理上获取客户申请人的同情和理解，从而为收取各种费用埋下伏笔。如果招生机构不公开佣金信息，申请人及其父母一般也不知道其实招生机构已经从目标高校获取了相当数额的佣金回报，而是认为招生机构收取一定的服务费、咨询费、手续费等都是很正常的事。他们甚至还会认为越是申请高水平的学校，招生机构收取的费用应该越高，殊不知这些高水平学校支付的佣金也可能越高。还有一种情形，那就是招生机构帮助一些层次较低的学校招生。这些学校由于对国际学生的渴望及政府相关政策的支持，会比其他学校支出更高比例或更大金额的佣金，以此吸引招生机构帮助自己招收相当规模的学生。这类高校的申请人一般学业水平较差，他们会觉得招生机构能够帮助自己找到合适的高校已经很不容易了，付点费用也是值得的。招生机构正是利用佣金信息的不透明、客户申请人的迫切心理，以及高校未进行干预的现实，从申请人方收取了数额不菲的各种费用。虽然这涉及商业活动中的道德或伦理范畴，但无法从政策法规或法律上进行规范或强制要求。

值得注意的是，少数招生机构明确申明，只收取委托高校佣金，而不收取其他任何费用，倒也赢得了不少客户和市场口碑，这也从一个侧面反映了经营者的营销战略和长远眼光。

第十章

高校与招生机构的多语种网站建设

第十章 高校与招生机构的多语种网站建设

高校与招生机构最常见的负面特征就是信息不对称，特别是涉及国外招生机构时。信息不对称存在于几个方面：高校与申请人之间，高校与招生机构之间，招生机构与申请人之间。其中的信息不对称原因有很多，例如，高校网站提供的信息不完全满足申请人的期望内容，如何办理签证，如何申请住宿，等等。有时候信息不对称是由于招生机构不愿意将全部信息告知合作高校，担心高校会进行干预；有时候信息不对称是招生机构将高校的信息隐瞒或不完整地告知申请人以期望更多的利益；等等。但是，另一个非常重要的信息不对称的原因，那就是语言。国际学生申请人在绝大部分情况下是通过网站来了解目标高校的，因此，高校招生网站的语言就是一个值得研究的话题。

第一节 单语种网站

英语国家很多高校的招生网站语言只有英语一种，因为英语是通用语种，绝大部分申请人都有一定的英语基础，高校也默认有意向申请本校的学生应该有最起码的语言能力来了解学校的基本情况，然后完成申请程序。的确如此，相当比例的申请人自己完成了申请程序。这些申请人事先对目标高校做了大量的调查，也会通过校友或朋友了解该校更多更细致的信息，对于申请需要的材料也是了如指掌，例如成绩单、推荐信、个人陈述、学习计划、实习经历等。申请过程往往不是一次性完成，而是遇到问题就去解决问题，对在申请系统中看不懂或存有疑惑的表述，他们也会通过社交平台寻求帮助，或直接打电话咨询，或到官方咨询平台进行确认。当然，这些申请人对于自己的英语水平比较自信，同时也具有较强的交际和沟通能力。当然不排除他们不愿意交付一笔数额不菲的费用给招生机构。

很多申请人本来想自己完成申请程序，但当他们进入学校网站，看到系统里有些专业的表述时就会觉得发怵，因为他们平时学的都是最普通的日常用语或过于学术的英语。对那些比较专业的表述，他们不愿意也没有自信去咨询学校相关部门，就会放弃自己申请，转而求助于招生机构。的确，"语言障碍是申请人使用招生机构的原因之一"（Soltangazina，2019：39）。这里的"语言障碍"有的是事实上的语言困难，也就是说学校网站上的语言难度超出了申请人的语言水平，他们无法完全理解申请程序中各个环节的具体要求，每一步推进都是件艰难的事情。另外一种"语言障碍"就是心理上的语言抵触，生活和学习在母语环境中的申请人即使有一定的英语基础，一看到满屏的英语及各种申请步骤，心里就会不由自主地打退堂鼓，只要经济条件许可就会把申请交给招生机构去完成。因此，从某种程度上讲，高校的招生网站一定要是用户友好型的，要让申请人感到亲切，在语言上要直观、明晰。但是，从高校角度看，也不可能为了这一部分自己申请的学生降低语言表述的规范和质量。在某种意义上，规范的语言才是最明了、最到位的语言。也就是说，如果有部分申请人的语言水平真有障碍，影响了正常的申请，那就说明这部分学生没有达到某些高校的入学门槛。即使他们通过招生机构申请成功，很有可能入学后在课程学习和校园交往中出现各种困难。因此，申请人在申请前或入学前要努力提高自己的外语水平，这才是为未来留学生涯打下的最好的基础。

第二节　双语种网站

如上所述，很多英语国家高校的招生网站的语言只有英语一种，这是因为英语是国际语言，而且是流行最广、普及度最高的语言。那么，非英语国家高校的招生网站语言状况又如何呢？

在大多数情形下，非英语国家高校招生网站的语言有两种：一种是本国语言，另一种就是英语。例如，中国高校网站的语言一般是汉语和英语，法国高校是法语和英语，荷兰高校是荷兰语和英语。

中国的高校在国际化进程中非常重视英文（本研究不区分英文和英语的区别，会根据情形按照习惯用法使用）网站的建设，很多高校还会进行各种英文网站检查和评选，以此推动国际交流与合作，提升国际声誉，因此，英文网站对于高校而言就是门面。高校的国际招生部门更加重视英文网站的建设，因为中文（本研究也不区分中文和汉语的区别）招生网站对绝大部分国际学生来说是看不懂的，只对一小部分语言生适用。在很多情况下，中文招生网站是为英文网站提供翻译版本而已，这就像有些外语专业的研究生在撰写硕士论文时导师会要求先用中文写，定稿后再翻译成规定的外语语种。由于受英语翻译水平的限制，英文网站的翻译往往会留下翻译的痕迹，语气、措辞、风格就会比较中式，与申请人平时在本国学的英语有所差别，甚至读起来会觉得拗口、不舒服。因此，高校英文网站的翻译一定要经过英语母语国家的人润色和修改，尽量符合其他国家英语学习者的阅读和使用习惯。招生机构会参考合作高校的中英文网站，将上面的信息传送给申请人。这时候招生机构也许会用申请人的母语进行表述，其实这又是一种形式的翻译。

　　欧洲的一些高校官方语言不是英语，其官方语言是世界范围内使用也非常广的语言，例如法语，但是，这些高校大多有英语网站，就是考虑了本校大量招收国际生的缘故。有的学校一年要招收数千名国际生,这些国际生来自世界各地,他们的语言各异,高校不可能满足所有人的个性语言要求,因此,这些高校仍然和中国高校一样,将英语当成除了本国语言之外最重要的媒介语言,例如巴黎高等商业学院的英语网站、荷兰阿姆斯特丹自由大学的英语网站等。由于欧洲的历史比较特殊,国与国之间的历史、文化、语言等有着千丝万缕的联系,其中英国在欧洲的影响是非常突出的,英语在欧洲大陆也非常流行。因此,对于欧洲的很多国家来说,英语已不再是外语属性,而是比任何其他非英语国家和地区对英语的接纳度和使用度都非常高的语言。在这个意义上,欧洲高校的英语网站和母语网站几乎就是平行的,没有质量和标准的巨大反差,对于很多非欧洲申请者来说,就像是英美高校的网站一样自然、顺畅。

除了这两种情形外,还有第三种情况。有的英语国家高校的网站语言除了英语外,还会针对某一特别生源国,特别是申请人众多的国家,制作有针对性的招生网站。例如,英国谢菲尔德大学的中国留学生数量庞大,在谢菲尔德大学的中国学生一般维持在3000~5000人,占全部外国学生(包括欧盟在内)的50%~65%,占全校所有学生人数的18%~20%。也就是说,谢菲尔德大学平均每5个学生中就有1个是中国学生,谢菲尔德大学中国学生比例之高在英国可能是无与伦比的。按照每人每年学费20000英镑计算,中国学生向谢菲尔德大学支付的学费就达6000万~1亿英镑。针对这样的中国市场,谢菲尔德大学建设中文招生网站可见其良苦用心。

第三节 多语种网站

正如前文所述,虽然英语是通用语种,但并不是所有申请者都具有符合申请程序的英语水准。这时候就会出现一个问题:招生机构从高校官方语言或英语转译到申请人母语的文字表述不一定精确,甚至有时候招生机构会利用高校和申请人之间的不接触来对高校招生相关信息进行操纵,在实际上形成了对申请人的欺骗甚至诈骗。因此,要重视不熟悉高校官方语言和英语的申请人与高校之间的语言障碍,"这样可以减少高校和招生机构之间的信息不对称及机构对于信息的操控"(Soltangazina,2019:45)。这就涉及高校多语种网站的建设问题。

绝大部分高校有母语网站和英语网站。和谢菲尔德大学一样,有的欧洲大陆高校网站除了母语和英语外,也会针对留学群体集中的国家生源开设专门网站,例如,德国慕尼黑大学网站就有三个语种:德语、英语和汉语。但是,不管是谢菲尔德大学的中文网站还是慕尼黑大学的中文网站,都不像其英语和

第十章 高校与招生机构的多语种网站建设

德语网站那样全面，毕竟中文对于高校网站建设者来说是个非常陌生的语言。即使高校使用中文志愿者来协助建设中文网站，但由于对网站设计者的思路不是非常了解，只能功能性地加以组织，发挥最基本的招生咨询和引导作用。因此，完全意义上的多语种网站建设是具有挑战性的。

很多申请者愿意自己申请，因为在这个过程中申请人可以对感兴趣的高校进行细致全面的了解，便于入校后很快熟悉环境，同时可以先期和学校的老师、工作人员甚至社区联系起来，更早地融入校园，为今后留学打下坚实的基础。此外，部分申请人也想省掉原本通过招生机构的申请费用，他们觉得如果连申请这么一个程序性的工作都要委托他人，那也说明自己的综合能力还是有所欠缺的。还有的申请人不放心招生机构和高校之间的沟通，因为他们知道招生机构服务的客户群体多，不可能像自己申请那样无所不问、无所不知，而在这个沟通过程中，申请人就会找到最适合自己的专业和课程，而不是简单地将申请的命运交给招生机构，其中的选择也许并不是申请人的最佳定位。因此，高校要帮助这些申请人全面了解学校的招生政策、环节和步骤，就要建立一个让这些学生看得懂、操作指引性强的，同时又是申请人母语的招生网站。例如，高校一旦确定中国学生群体众多，那就要集中精力建设中文网站。高校可以搭建网站建设思路，然后请翻译人员根据母语网站或英文网站上的信息进行中文表述,这里的翻译人员最好从在校中国留学生中进行选拔,他们既要有较好的中文文字功底,也要熟悉高校的母语网站或英文网站,按照中国申请人的特点和需求进行清晰地设计排版。关于根据申请人的特点来提供招生信息,中国教育部颁发的《来华留学生高等教育质量规范(试行)》(教外〔2018〕50号)明确规定:"高等学校应当运用互联网等信息技术手段,向外国学生提供真实全面、符合国际学生特点的招生信息,提供良好的招生咨询服务。"这不仅适用于中国高校,也适用于所有致力于国际学生招生的其他国家的高校。

由于高校的国际生来源广泛,因此,在有条件的情况下,要根据主要生源市场尽可能多建几个语种的网站,特别是要建设世界主要通用语言网站,例如英语、法语、德语、俄语、西班牙语、阿拉伯语、日语等。高校可以和招生机构合作建设多语种网站,特别是非通用语种的网站。招生机构具有天然的语言优势,有的招生机构的负责人和核心骨干都来自目标市场国家或是合作高校所在国家的侨民,他们熟悉目标市场国家的语言,而且他们知道申请人的特殊需求,因此,高校可以委托招生机构参考高校现有网站,根据招生机构的主要市场来建设面向这一市场的语种网站。例如,有的高校主要生源市场是泰国学生,但是,高校没有泰语专业或泰语翻译有难度时,就可以委托合作的泰国招生机构帮助高校建设一个有针对性的泰语招生网站。这个网站一旦建好，招生机构就可以用作自己的招生网站。这样就避免了招生机构和高校信息不对称的难题。当然，前提是招生机构不欺骗或诈骗申请人。这也是管理和监控招生机构提供信息的有效手段，因为学生及其父母缺乏掌控信息的能力。在浏览母语网站时，学生们得到的不再是招生机构操控的信息。这样就可以改善高校和招生机构最常见的负面特征，即信息不对称。

高校如果有很多合作的招生机构，而且目标市场语言不通，那高校就可以建设若干甚至很多语种的招生网站，申请人各取所需，高校和招生机构双方信息对称，这也是高校和申请人追求的目标。但这不一定是招生机构愿意做的，因为这限制了招生机构对申请人的操控空间。但是反过来看，多语种网站的建设也会迫使招生机构更规范运作，高校也可以对那些主动参与或配合建设多语种网站的招生机构给予更多的政策和资源优惠。对那些不配合多语种网站建设的招生机构，高校就可以进行甄别，然后为了申请人的利益，重新考虑是否值得和这些招生机构进行长远合作。多语种招生网站建设既符合高校招生的需要，又保护了申请人的基本权利，同时也是对招生机构的监督，一举多得。一旦信息对称，"高校可以完全依赖招生机构选择学生,招生机构也可以完全依赖高校提供的数字信息。高度信任对双方都是机会,可以灵活操作以应对市场需求。"(Soltangazina,2019:35)对高校和招生机构而言,多语种网站是双方合作诚意的试金石。

第十一章

招生机构与国际生源的多样性

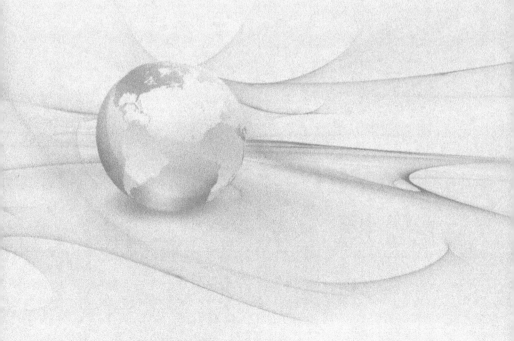

第十一章 招生机构与国际生源的多样性

高校与招生机构共建多语种网站是为了让更多的国际申请者通过熟悉的语言更直接地了解相关高校和招生信息。语种越多，越能反映国际生源的多样性，也越能代表高校的国际化程度高。前面讲过，高校自己建设多语种网站有难度，可以通过与合作的招生机构共建，但并不是招生机构越多，就代表网站的语种越多，因为这要取决于招生机构是否集中于某个市场。如果集中于某个市场，那么涉及的语种不会多，而且生源也会相对简单。那么，高校在生源简单性和多样性之间如何选择呢？

第一节　生源的简单性

有的高校由于学科和专业特点，会集中吸引某一或某几个国别的生源。高校也会根据情况和相应的招生机构进行纵深合作，从而吸引某一或某几个国别相当数量的国际学生，然后这些学生口口相传，就会有越来越多同一国别的学生来到同一所高校，从而形成群体性效应。

1. 生源简单性的优点

同一国别学生进校后，就会经常聚集，互通有无。这便于校方进行有针对性的研究，研究对方的文化、宗教等，从而形成显性或隐性的管理方案和对策。学校也可以有针对性地成立这个国别的学生联合会，负责协调校内外的日常业余活动，增强学生的社会和校园融入度，在学生们遇到困难的时候给予帮助，在这个意义上可以看出集中性国别生源的积极方面。此外，高校也可以利用某一国别学生群体的数量优势加强和这个国家使馆的联系，从而加强更广泛的文化、教育联系，这也有助于使馆推荐更优质的生源。如果与高校合作的招生机构声誉较好，使馆也会像英国文化教育协会那样将优质的招生机构名单放在使馆网站上，为这些招生机构做免费的广告。

2. 生源简单性的缺点

任何事物都有正反两个方面。通过招生机构招收进来的成一定规模的学生群体可能在文化思维、经济条件、地域范围等方面存在同质现象，一旦入学后，就会抱团，在校内外形成群体，有些时候对社区和校园内其他国际学生群体造成各种压力，而且会产生滚雪球效应，时间久了之后，就会成为社区和校园的不安定因素。虽然一个单一国别的学生群体来到一个新环境，会在有些方面入乡随俗，接纳好的生活元素，但也会集体无意识地将原先的某些坏习惯移植到新环境，甚至还会发酵，影响周围的其他人群。

第二节　生源的多样性

如果校园里只有少数几个国别的国际学生，即使数量再多，也不能代表学校的国际化程度和水平。"使用招生机构可以扩大高校的国际学生的数量，但是过分倚重某一单一录取渠道将会损害国际学生的多样性。"（Soltangazina，2019：43）生源的多样性是众多高校在国际化进程中所致力的方向。

1. 文化多元

高校招收国际学生除了经济利益考虑（发展中国家的高校也许还未考虑经济因素）之外，还"旨在吸引国际学生来改善生源质量和文化元素构成，获得知名度和收益"（Altbach & Knight，2007：292）。也就是说，高校除了希望吸引高质量生源外，还期待多元的文化元素能够丰富校园，真正从深层促进学校的国际化。一所高校招收的国际学生来自的国家越多，就会带来更多的文化元素。像澳大利亚新南威尔士大学那样，他们在全球范围内公开使用招生机构招收世界各地的学生，澳大利亚众多名校国际学生的生源非常丰富。"招收国际学生帮助澳大利亚体验不同的文化背景，然后可以更好地了解全世界所有国家的人民。"（Pimpa，2003：178—179）大学的功能已经不仅仅局限于教育和学术,而是扩展到文化交流、文明交往、人类命运、国家关系等方面。只有校园里拥有多元的文化元素才能促进不同文化群体之间的交流,交流正是消除疑虑和不信任障碍的关键。文化之间的互通、交融可以让冲突双方暂时搁置争议,从文化对立面的角度去考虑问题,从而赢得更多的理解和宽容的空间。很多研究把政治多极化、价值多元化、文化多样化乃至文明间的冲突看作新时代文明的标志。哈佛大学塞缪尔·亨廷顿(Samuel Hungtinton)指出:"在后冷战的世界中,人民之间最重要的区别不是意识形态的、政治的或经济的,而是文化的区别。"(塞缪尔·亨廷顿,2002:6)文化之间的区别是根本性的,因此,高校在国际化进程中一定要有责任感,将不同文化背景的人聚集在一起,其目的不是要消除文化之间的区别,而是要增强文化共生的意识。也就是说,高校不应成为文化冲突之地,而应该是一个开放包容的文化聚合体。校园内文化是否多元、文化是否共存已经成为一所高校是否是真正意义上的国际化高校的重要参考。中国高校在这方面的意识越来越强,从单纯追求数量和规模或某些科研指标,逐步并加速将更高层次的国际化元素纳入自我评估和发展范畴。例如,在中国各个高校非常关注的学科评估体系中,一级指标是"人才培养质量",二级指标是"授予学位数",指标说明是"授予博士和硕士学位人数",而现在二级指标是"招生与学位授予情况",指标说明改为"提供本学科生源情况(须提供生源前置学位所在高校分布情况和录取方式等数据)、在校学生数、分流淘汰机制、授予学位数(含境外学生人数及地区分布)等,由专家进行评价"。这里一个非常明显的改变就是从数量到数量和质量并重的转变,其中生源结构就是重要的评价指标。这样的学科评估指标也就意味着缺乏国际学生的学生群体及缺乏广泛生源结构的学生群体的学科都不可能真正成为国际化水准的学科。自娱自乐的封闭学科发展或单纯为了学科评估而追求的数量指标已经成为过往。同时,更深层次的转变是国际一流学科对多元文化的追求,缺乏文化包容的学科也不可能真正成为具有国际内涵的学科,即使在数量和规模上达到一定的水准,但不会有持久的发展。因此,由中国教育国际交流协会对招收国际学生的高校开展的来华留学生高等教育质量认证主要评价指标里规定,"学校来华留学生国别与地区分布合理,适应本校、本地发展需求,并能够不断优化生源结构",将生源结构"不少于100个国家和5个洲别"作为加分项,体现了教育主管部门和教育评价机构与时俱进的思维和思路。正是认证机构的高标准和严要求,外界和高校才越来越认可质量认证的权威性。因此,越来越多的高校主动申请参与认证工作,利用认证的质量体系来推动本校的内涵和可持续发展。

2. 文化适应

一个校园里的国别文化越少，文化冲突也就越多，有时候还会更尖锐。例如，如果校园里只有两种国别文化，那么这两种不同的文化在日常交往中就会时刻处在碰撞之中，而且只会愈演愈烈，因为此消彼长，都没有太多回旋的余地。两个国别文化之间的冲突就是正面冲突，中间的距离是"鼻尖"性的，没有隔离带。但是，如果是三个国别的文化，那就不再是正面回应，而是成"品"字形的交流态势，从而会减少正面冲突的视角和视界，三者之间增加了缓冲的开阔地带。以此类推，国别文化越多，之间可回旋余地也就越大，而且某些文化还可以成为激烈文化冲突之间的隔离栏或缓冲区域，甚至成为文化冲突的协调者或过渡者。这和国与国之间的关系、组织内成员之间的关系、家庭成员之间的关系其实是一个道理。

此外，如果校园中的生源国别太少而且学生数量相对集中，那么就会形成几个有限的社交圈子，这些社交圈在很多情况下是排外的，其他文化的学生很难进入。但是，如果是多国别的文化圈，那么，相互容纳和接纳的可能性就会大很多，相互适应起来的速度也会更快。两个陌生人见面会尴尬，也许没话说，但是，几个、一群陌生人在一起很快就会熟悉，甚至热闹起来，随后两两之间也会逐渐熟悉，这要比一开始就是两个人的接触适应得快得多,这就是社交的适应性。

这里还有一个现象值得关注。在英语学习中,如果一个班的学生只能听懂授课教师的标准英语,那么今后到世界各地就会有麻烦,因为并不是所有的人都讲标准英语。但是,如果一个学生能听懂带有各种口音的任课教师和同班同学的英语,那么今后走遍世界都不怕的。这就是英语学习和使用的适应性。

文化适应性和社交适应性与语言适应性非常类似。校园的国别文化越多,学生接触的异国文化元素就越多,对各种文化的包容度和适应性就会越强。国际学生和本土学生相互沟通,相互交融,感知、理解、熟悉对方的文化,享受文化共性,拥抱文化差异。这样校园中的国际学生和本土学生的文化意识和跨文化意识都会得到潜移默化的影响,将来到世界各地都不会再对当地文化和周围人群的文化感到陌生和抗拒,从而为真正成为具有全球视野的国际化人才打下坚实的基础。

因此,从国际生源多样性角度出发,要防止一家招生机构"批发式"地将学生介绍到某所高校。高校应当最大化地和更多渠道合作,吸引多国别、多文化的国际学生就读,丰富校园国别文化,增强国际氛围。合作招生机构的多少不仅反映高校的吸引力,更反映高校对国际化的理解和认知。高校不应对任何一个国家有歧视性政策,而应鼓励通过招生机构吸引全世界任何一个国家的学生就读。如果一所高校能够吸引100个国别、150个国别，甚至更多国别，而且达到一定数量的国际学生，那么可想而知，校园的国际文化氛围是多么浓厚！没有国际文化氛围的高校不可能成为真正国际化的高校，致力于建设世界一流的高校必须要认识到这一点。

第十二章

招生机构压力下的高校招生队伍建设

第十二章 招生机构压力下的高校招生队伍建设

　　几乎所有招收国际学生的高校都有专门的招生部门来处理相关招生事宜，而且这些招生部门对所在高校的熟悉和了解程度远远高于招生机构，那么，为什么还会有如此多的招生机构存在呢？除了上文中提到的招生机构的各种优势外，与此相衬托的正是高校招生队伍的建设和状态出现了某些问题。

第一节　高校招生人员的效率

　　申请人在申请过程中特别希望能够得到高校招生部门或专业学院的信息咨询解答，问询的渠道往往是通过公共邮箱给招生部门或专业学院写邮件。

　　申请人给招生公共邮箱写邮件，得到的回复往往很不及时。由于公共邮箱很多时候是作为招生系统自设的邮箱，通常发送的是录取或不录取信息，很少作为咨询邮箱使用。加上申请者众多，公共邮箱无法一一有针对性地回复个性化问题，久而久之就形成了慢回复甚至不回复的局面。在有些高校，审核和录取是集中时间段进行，只有在收取完所有的申请材料后，招生部门才会分门别类地进行资格审查、专业送审等程序，对于前面的很多问询往往无暇顾及，或者因申请人数众多、问询问题太杂，招生人员无法进行及时回复。有的高校实行多轮次录取机制，过程性的工作很多，因此会花费招生人员大量的精力。造成回复效率低下的原因主要有三个：一是招生人员配备不足。很多高校的招生部门正式员工只有1—2人，仅仅是日常案头工作和招生宣传就已经占用了绝大部分工作时间，再加上每天要接很多咨询电话，因此，他们没有时间再去邮件系统仔细回复申请人的问询。二是长年累月回答对于他们来讲非常业余的问题已经有点厌烦，在心理上已经抗拒，因此，他们在处理繁杂的日常事务中就会逐渐淡忘那些反复提出的问题。三是邮箱往往不是专一的，而是招生部门的共享邮箱，因此会出现招生人员"一个和尚有水喝，三个和尚没水喝"的状况。

还有个重要的问题，即申请人会问招生部门某些涉及专业或课程的专业性问题，这些问题经常会超出招生人员的专业范畴，招生人员只能回答某些普通的常识性的问题，因此对某些专业的问题就会避而不答。当然，有时候招生人员也会通过各种渠道去向专业学院打听，但其中的过程不是想象中的那么简单。有的问题既会涉及学院分管国际教育的管理人员，也会涉及分管教学工作的管理人员，其中还会区分本科生和硕士生等不同情况。还有一种情况，即申请人向专业学院咨询的问题中有的涉及基本的申请程序的问题，但这些问题是专业学院不清楚也无法及时解答的。因此，从某种角度看，申请人向合适的部门问针对性的问题至关重要。

当然，如果招生部门和专业学院衔接得很好，平时的沟通非常充分,那么也容易在较短的时间里给予申请人比较及时的反馈。但由于高校部门之间的物理分割比较明显,对交叉重叠的咨询问题就会被耽搁下来。

咨询信息回复不及时,会让申请人无所适从甚至失望,但是,申请人对于目标高校及专业感兴趣,不会放弃原先的申请,他们会转而求助于其他途径。有个尼泊尔的学生反映,他通过邮件向美国高校询问有关信息,但有时收不到对方的反馈,于是他只好通过招生机构来了解情况。(Bista,2017:101)这样的例子很多。高校招生部门的低效将部分潜在的直接申请者推向了市场化的招生机构。

针对咨询信息不及时的问题,高校招生部门可以和相关专业学院联合打造丰富的问题库(FAQ),将常见的问题公布在网站上,便于申请人自行查询。当然,高校也可以通过微信平台或者自行开发的问题咨询系统,将常见问题进行整理,由系统或平台代替人工进行搜索并回复。对于新添加的咨询,招生部门要有专人负责,进行汇总、内部讨论,然后增添到原先的问题库。对原先疏忽但又非常重要的问题,招生部门要专门致信感谢申请人对于咨询库的贡献。

第二节　高校招生人员的态度

除了招生人员的效率不尽人如意之外，招生人员的态度也经常受到申请人的诟病。例如，除了通过邮件咨询外，申请人经常会通过咨询电话直接问询招生人员。电话咨询会出现以下几个方面的问题。

第一，招生人员缺乏必要的电话礼仪。他们拿起电话只说"Hello"，而缺乏电话礼仪中最常见的开场白："Hello, this is ＊＊＊ speaking. May I help you?"电话结束时往往只会简单地说"Bye-bye"，如果能够加上一句"Have a nice day"，则给申请人的感觉完全就是另外一个样子。电话礼仪涉及的内容比较多，高校应该给招生人员提供专门的电话礼仪的培训，以显示招生人员良好的职业素养。良好的电话礼仪是招生宣传的关键环节，有时候要比招生简章上的文字更直接、更生动，可以很快拉近申请人和高校之间的心理距离。因此，招生人员就是第一关的招生大使。

第二，招生人员有时候语速过快。因为他们面临的咨询都是老生常谈的问题，他们会按照自己的节奏连珠炮似的倾倒出去，丝毫不考虑电话那头申请人的感觉，而申请人也许对招生的业务和专业知识一无所知。因此，招生人员要放慢语速，耐

第十二章　招生机构压力下的高校招生队伍建设

心地解释有关问题和程序步骤。有的招生人员的用语给人的感觉是居高临下，甚至有种速战速决的感觉，对申请人不是非常友好。有时候招生人员会发现申请人的声音越来越低，说话也越来越支离破碎，有种被招生人员电话碾压的感觉。可以想象咨询人的内心是多么沮丧，也许挂完电话后对这所高校没什么太多的好感了，事后干脆找家招生机构进行代理了。这对高校的声誉和利益都是一种直接的损失。

第三，招生人员没有受过标准化的微笑训练。即使不是面对面，申请人也可以感受到招生人员是微笑着说话还是板着面孔生硬地在公事公办。招生人员要把微笑当作一种自觉的行为，要把电话咨询者当成面对面的交流者。日本饭店业有种培训方法，就是将服务人员的脸蒙上一张白纸，只露出两只眼睛，要是能从眼神中看出来是在微笑，那才是发自内心的微笑，而不仅仅是皮笑肉不笑，或者是其他类型的生硬的笑。微笑训练也应该成为招生工作人员的必修课之一。

第四，招生人员的外语能力不过关。这里的外语能力不是指自己的外语表达能力多强多流利，而是指要灵活应对电话里全球不同地区的咨询人。如果是当面咨询，通过手势或其他身体语言可以连蒙带猜，但是，电话线里看不到人，只能听到各种不同口音的申请人，招生人员有的时候问了数遍都听不明白申请人的问题所在，很快就会到崩溃的边缘。但越是到这时候,招生人员越要保持充分的耐心,要设身处地地为对方着想,想方设法解决申请人的疑惑。招生人员千万不能因对方的口音问题嘲笑或看不起对方,尊重申请人是招生工作人员最起码的素质。

从上述招生人员接听电话咨询出现的问题也可以得到以下启示。

第一,招生办公室的办公场所要相对宽敞一些。如果在一个拥挤的空间,招生人员接听电话就会互相干扰,在接听申请人电话时就会有速战速决的心理状态,这不利于和咨询人进行良好的沟通。有时候,招生人员为了减少对同事的干扰,也会故意压低声音,但这样会降低通话质量,增加申请人理解的难度。因此,高校对招生工作办公室的办公空间要最大化地予以支持。

第二,招生工作人员平时要利用各种机会和在校的国际学生接触。在接触过程中,招生人员要了解他们申请过程中的各种状况。通过接触,招生人员可以更多地了解申请人的语言、口音、行为习惯和沟通方式,努力成为熟知多国学生的"百事通",再将了解到的情况运用到将来的业务工作中。招生人员也要利用海外招宣的机会,尽可能去生源国现场体验一下当地的语言和习俗,一方面可以更好地做好宣传工作,另一方面也可以在回国后更好地完成招生咨询和服务工作。

第三，利用科技手段。由于生源国的复杂性和招生人员配置及专业背景的限制，即使通过各种渠道和努力，招生人员也不可能熟悉所有的口音，这时候可以借助一些科技手段，例如语音翻译软件等。翻译软件对口音的包容性和转换率，可以为招生人员接听电话提供最大程度的便利。当然，现在的视频技术也已经越来越完善，招生工作办公室可以配置一套先进的视频设备。这样申请人可以通过视频与招生人员进行多模态的对话，降低对话难度，提高沟通效率。

第三节　高校招生人员的职业素养

在很多高校，国际学生的招生是件极具挑战性的工作。国际学生招生工作办公室不同于高校面上的招生办公室（本科生）或研究生招生办公室，后者不用为生源发愁，是完全的"买方市场"，是好中选优，工作人员可以不用去做太多的宣传推广工作，只要做好区域或省份指标下达工作，然后在短期内做好集中性的招录工作。国际学生招生工作办公室的工作人员则面临更多的挑战和工作压力，第一要在心理上接受与面上不一样的招生任务。国际学生招生工作人员要有更高的站位和更高的工作视野，将自己融入提升学校国际化的整体氛围中，因此要跳出面上招生的思维和习惯，在各方面按照国际化的标准来做好各项招生工作,关注招生过程中的各个细节。在这个意义上,高校在国际学生招生工作人员入职培训时,就要进行中外学生招生对比说明,从一开始就要让国际学生招生工作人员进入心理角色,然后通过一段时间的上岗培训,合格后才能进入实际操作,千万不要将原有的工作习惯和工作思维带入新岗位。同时,要增加一些市场营销方面的培训,因为国际学生招生工作人员面临的是激烈的市场竞争,他们不仅要跟国内的市场竞争,还要跟国外的高校抢生源,因此,他们不仅要有市场意识,还要有市场策略。在某种意义上,国际学生招生工作人员就是市场营销人员,而不仅仅是坐守办公室的朝八晚五的管理人员。

　　国际学生招生工作人员与面上招生人员的第二个重要区别是语言能力。面上招生人员更多面临的是硬件和系统,招生期间接到的电话咨询或现场咨询用到的语言基本都是本国语言。然而,国际学生招生工作人员除了要面临各种英语能力或口音(我们这里仅以英语为代表,法语、西班牙语、日语等其他语种不再一一举例)的申请人的电话咨询外,还要做好相关领域的英文表述,因为申请人会对学校所在国或所在地的文化、风俗等感兴趣,希望通过招生工作人员的讲解消除疑虑。如果招生人员只有普通意义的日常招生用语,那就不能满足申请人的咨询需求了。因此,高校在招聘和使用国际学生招生工作人员时首先要考虑其外语背景和外语能力，当然外语专业毕业人员是首选，同时也可以考虑具有海外留学背景的其他专业且外语能力较强的毕业生，这样可以更快更好地适应国际沟通需求。需要注意的是，外语专业的学生在学校学习时由于课程设置的缘故，可能在语言学、文学等领域有较多的学习和研究，但在涉及文化、风俗、宗教，甚至学科相关内容时，就会发现他们所学的语言不够用，此时他们需要不断地、最大限度地扩充自己的知识储备，完善自己的外语表达，将自己打造成集专业知识、社会文化及外语能力于一身的复合型人才。在知识更新日新月异的今天，要面对来自世界各地的申请人，招生工作人员尽管上班期间会很忙，但还是要利用下班后和节假日的各种时间和机会去看国际新闻，听国际广播，用外语去了解世界上发生的事件，用外语去表述周围的动态，这样才能拉近与申请人的距离，更好地了解申请人的背景。只有这样才能增加申请人和招生学校的匹配度，进而提升招生质量。和翻译人才的素质要求类似，国际学生招生工作办公室人员不要求对某个涉及领域了解很深入，但应该对所在高校招收国际学生的专业及去向有基本的了解，在申请人咨询过程中可以充当讲故事的角色，帮助申请人在咨询过程中感受招生工作人员的专业化和职业素养，这样才能吸引和招收到更多符合高校期望值的国际学生。

第十三章

结束语

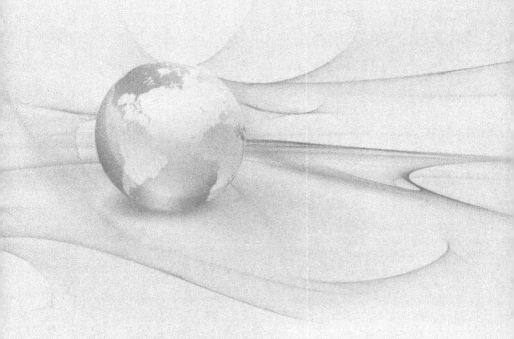

第十三章 结束语

至此，我们从招生部门管理者和一线工作人员的视角讨论了高校与招生机构合作的政策和规范、招生机构的概念、招生机构的角色和作用、对招生机构的质疑、高校在与招生机构合作中的定位、招生机构的获益、高校对招生机构的期望值、高校与招生机构合作的公开性、高校与招生机构的多语种网站建设、招生机构与国际生源的多样性、招生机构压力下的高校招生队伍建设等主要话题，旨在探讨高校与招生机构多方位合作的可行性及合作的深度和广度，加强高校与招生机构的理解和互通，将公众视野中的暗箱操作摆到台面上进行研讨，不回避问题，发现问题，并尝试找到解决问题的措施和路径。通过双方的合作和竞争，促进双方的共同发展。

在研讨过程中，我们并没有和招生机构进行深入的沟通，有些涉及的问题比较严肃，甚至没有太多考虑招生机构的感受，但我们还是希望招生机构能够认真对待所有上述与高校合作过程中的操作问题，在理念和认识层面与高校达成总体一致，然后双方进行新一轮的合作。高校与招生机构之间、招生机构与招生机构之间、高校与高校之间，应该以学生申请人为核心，构建多维的合作框架，共同推进高校的国际化进程，开创国际教育的新局面。

高等教育主管部门也可以充分调研，广泛听取高校管理者、一线招生人员和招生机构的想法和建议，修订或制定更具体、更有操作性的政策和法规，真正促进国际学生招收和培养的良性发展，在国际学生数量和质量上都能达到一个新的水平，让"提质增效"不再仅仅是口号或希望，而是成为实实在在的举措和成效。

参考文献

1. Altbach, P. G. & J. Knight. The internationalization of higher education: motivations and realities[J]. *Journal of Studies in International Education*, 2007(3/4): 290-305.

2. Altbach, P. A. & L. Reisberg. The pursuit of international students in a commercialized world [J]. *International Higher Education*, 2015(2): 2-14.

3. Bista, K. Role of intermediary recruiters in higher education preparation: perceptions of Nepalese students in the United States[J]. *Journal of International and Global Studies*, 2017(1): 94-111.

4. Coffey, R. N. The influence of education agents on student choice making in the Canadian postsecondary search process[D]. Michigan: Michigan State University, 2014.

5. Hagedorn, L. S. & L. Y. Zhang. The use of agents in

recruiting Chinese undergraduates [J]. *Journal of Studies in International Education*, 2011(2): 186-202.

6. Haugen, H. China's recruitment of African university students: policy efficacy and unintended outcomes [J]. *Globalization, Societies and Education*, 2013(11): 315-334.

7. Huang, I. Y., Raimo, V. & C. Humfrey. Power and control: managing agents for international student recruitment in higher education [J]. *Studies in Higher Education*, 2016 (8): 1333-1354.

8. Jensen, M. C. & W. H. Meckling. Theory of the firm: managerial behavior, agency costs and ownership structure [J]. *Journal of Financial Economics*, 1976(4): 305-360.

9. Jiang, Y. A case study of the influence of student recruitment agencies on Chinese students' decision-making when pursuing higher education in English-speaking countries [D]. Windsor: University of Windsor, 2015.

10. Mazzarol, T., Soutar, G. N. & V. Thein. Critical success factors in the marketing of an educational institution: a comparison of institutional and student perspectives [J]. *Journal of Marketing for Higher Education*, 2001(2): 39-57.

11. Nikula, P.-T. & J. Kivisto. Hiring education agents for

international student recruitment: perspectives from agency theory [J]. *Higher Education Policy*, 2018(4): 535-557.

12. Nikula, P. -T. & J. Kivisto. Monitoring of education agents engaged in international student recruitment: perspectives from agency theory [J]. *Journal of Studies in International Education*, 2020(2): 212-231.

13. Pimpa, N. The influence of peers and student recruitment agencies on Thai students' choices of international education [J]. *Journal of Studies in International Education*, 2003(2): 178-192.

14. Robinson-Pant, A. & A. Magyar. The recruitment agent in internationalized higher education: commercial broker and cultural mediator [J]. *Journal of Studies in International Education*, 2018(3): 225-241.

15. Ross, S. A. The economic theory of agency: the principal's problem [J]. *The American Economic Review*, 1973(2): 134-139.

16. Soltangazina, Z. 外国招生代理机构对国际学生的积极和消极影响：哈萨克斯坦学生在杭州的案例研究(The positive and negative effects of foreign agencies for international students: case study of Kazakhstani students in Hangzhou) [D]. 杭州：浙江大学, 2019.

17. Titovich, I. V. The practice of interactions between higher education institutions and recruiting agencies[J]. *Education Export*, 2017(2): 29-35.

18. 北京市教育委员会，人民政府外事办公室，公安局. 北京地区高等学校招收和培养国际学生管理办法[Z]. 2020-02-2.

19. 曹凑贵，展茗. 生态学概论[M]. 3版. 北京：高等教育出版社，2015.

20. 程伟华，张海滨，董维春. 从"规模扩张"到"提质增效"：新时代来华留学研究生教育转型与制度重构[J]. 学位与研究生教育，2018(12): 32—38.

21. 湖南省教育厅，湖南省委外事工作委员会办公室，公安厅. 湖南省高等学校招收和培养国际学生管理办法[Z]. 2019-11-08.

22. 贾兆义. 改革开放以来来华留学事业发展的基本经验与启示[J]. 北京教育（高教版），2019(3): 41—42.

23. 江苏省教育厅，公安厅，人民政府外事办公室. 江苏省高校招收和培养外国留学生管理办法[Z]. 2019-09-02.

24. 彭庆红，李慧琳. 从特殊照顾到趋同管理：高校来华留学生事务管理的回顾与展望[J]. 河南师范大学学报（哲学社会科学版），2012(5): 241—245.

25. ［美］塞缪尔·亨廷顿. 文明的冲突与世界秩序的重建［M］. 周琪, 译. 北京: 新华出版社, 2002.

26. 陕西省教育厅, 人民政府外事办公室, 公安厅. 陕西省学校招收和培养国际学生管理规定（试行）［Z］. 2019-10-24.

27. 张燕, 易红郡. "一带一路"倡议下的教育对外开放——基于来华留学生的分析［J］. 教育文化论坛, 2019(3): 67—72.

28. 浙江省高等教育学会外国留学生管理专业委员会. 浙江省高校国际学生招收和培养的指导意见［Z］. 2017-10-1.

29. 中华人民共和国教育部. 来华留学生高等教育质量规范（试行）［Z］. 2018-10-09.

30. 中华人民共和国教育部, 外交部, 公安部. 学校招收和培养国际学生管理办法［Z］. 2017-06-02.

31. 周栋, 马彬彬, 谢济光. "一带一路"背景下留学生趋同管理培养模式探析——以广西高校来华留学硕士研究生为例［J］. 学周刊, 2019(17): 178—179.